청년 공동체 바로 세우기 | 누가복음
(인도자용 지침서)

청년공동체바로세우기 | 누가복음(인도자용 지침서)

초판 1쇄 발행 | 2014. 9. 30
초판 2쇄 인쇄 | 2019. 4 30
지은이 | 김상권
연구위원 | 김정혁 목사(내일교회), 김지원 목사(수영로교회),
박효범 목사(안양석수교회), 양영모 목사(수영로교회),
오경제 강도사(강남교회), 이기환 전도사(염광교회),
이다윗 강도사(아나톨레), 전영삼 목사(수영로교회),
정병윤 목사(수영로교회), 조인식 목사(새누리교회)
펴낸 이 | 정신일
펴낸 곳 | 크리스천리더
편 집 | 방진아
교 정 | 이주련
일부 총판 | 생명의 말씀사 (02) 3159-7979
등 록 | 제 2-2727호(1999. 9.30)
주 소 | 부천시 원미구 중동 1289번지 팰리스카운티 아이파크상가 3층
전 화 | (032) 342-1979
팩 스 | (032) 343-3567
도서 출간 상담 | E-mail:chmbit@hanmail.net
Homepage | www.cjesus.co.kr

ISBN : 978-89-6594-118-7 03230

정가 : 9,000원

한국교회 다음 세대를 세우기 위한 마지막 대안, 청년 공동체 바로 세우기 프로젝트

청년 공동체 바로 세우기

청년 공동체 바로 세우기 인도자용

누가복음의 원어적 의미를 찾는 영적 성숙 프로젝트

김상권 목사

[누가복음]

>>> Luke Project >>>

"이웃의 개념에서 사랑의 실천이 나오는 것이 아니라 사랑의 실천에서 이웃의 개념이 나온다. 이웃을 결정하는 주체는 내(I)가 아니라 바로 그(He)가 되어야 한다. 이웃은 규정하는 것이 아니라 되어 주는 것이다. 이것이 마음과 목숨과 힘과 뜻을 다해 하나님을 사랑하는 방법이다. '하나님을 사랑하고 이웃을 사랑하라' 하신 이 두 계명의 동사는 하나뿐이다. 하나님을 마음과 목숨과 힘과 뜻을 다하여 사랑하는 방법이 바로 '이웃을 내 몸과 같이 사랑하는 것'이라는 말이다."

CLS 크리스천리더

청년 공동체 바로 세우기를 위한 소그룹 사역 전략

청년 공동체 바로 세우기 소그룹 사역 전략은 총 다섯 가지의 전략을 가지고 각 청년 공동체에 맞게 조율 수립하여 각 공동체가 커리큘럼과 양육 체계를 가지고, 실질적인 영적 성숙의 가시화를 목표로 하는 청년 공동체 소그룹 사역 전문 매뉴얼입니다. 구체적인 세부안은 『청년 실종 공동체성으로 공략하라』 (크리스천리더)를 참고하세요.

1. 공동체성 진단하기

1) 사역 현장의 양육, 예배, 교제, 전도 기능을 대표하는 사역들이 공동체성에 미치는 영향을 5점 척도로 회원들에게 체크하도록 한다.

2) 상대적으로 부족하다고 생각되는 부분을 함양하기 위한 사역을 점검하고 수정과 보완을 실시한다.

3) 정기적으로 진단하여 공동체성 함양 정도를 파악한다.

공동체성		양육 기능	예배 기능	교제 기능	전도 기능	소계
사역		( )	( )	( )	( )	
관계적 속성	친밀한 상호작용과 영향	01234	01234	01234	01234	
	공동 목적 추구 행위	01234	01234	01234	01234	
	전인격적 관계	01234	01234	01234	01234	
	공동체 참여	01234	01234	01234	01234	
	공동 가치와 규범의 공유	01234	01234	01234	01234	
소계						
정서적 속성	정서적 공감과 일치	01234	01234	01234	01234	
	개인과 공동체의 유익 일치	01234	01234	01234	01234	
	심리적 욕구의 통합과 충족	01234	01234	01234	01234	
	공동체 지향 본연 의지	01234	01234	01234	01234	
	의식적 소속감	01234	01234	01234	01234	
소계						
물리적 속성	지리적 근접성	01234	01234	01234	01234	
	시간과 공간의 유사성	01234	01234	01234	01234	
	공동체 환경의 특성	01234	01234	01234	01234	
	사회적 단일성	01234	01234	01234	01234	
	공통된 문화의 공유	01234	01234	01234	01234	
소계						
총계						

2. 핵심가치 공유하기

1) 공동체성은 교회 부흥과 쇠퇴의 핵심적 요인이다.

2) 공동체성은 소그룹 사역에서 효과적으로 함양될 수 있다.

3) 소그룹은 예배, 양육, 전도, 교제의 기능을 강화할 때 활성화된다.

4) 1년을 4달씩 한 텀(Term)으로 묶어 소그룹 커리큘럼을 세우고 공동체에 적용한다.

연차	필수과정 (1~4월)	암송구절	선택 과정 (5~8월)	필수과정 (9~12월)	암송구절
6년차	룻기	1. 내주하시는 성령(갈 4:6) 2.통치하시는성령(갈 5:16) 3.계시하시는성령(요 14:26) 4.능력 주시는성령(고전 2:4,5)	☞그리스도인 되기 ☞기독교 세계관 ☞거친형상과내적 치유 ☞하나님 음성을 듣는법 ☞이성 교제와결혼준비 ☞경배와찬양 ☞비전과소명 ☞기도 학교 ☞부모와가정 사역 ☞직장과신앙 ☞고난과시험 ☞감정 다루기 ☞영성 훈련 ☞캠퍼스 생활 ☞대인관계와커뮤니케이션 ☞선교와선교적 삶 ☞이단 연구 ☞대중문화와 기독교 ☞하나님의 이름 ☞기독교 교리 입문 ☞그리스도인의 물질관 ☞교회론과실제 ☞종말론과실제 ☞구원론과실제 ☞기독론과실제 ☞신론과실제 ☞기질과 은사 개발	야고보서	1. 용서함(엡 4:32) 2. 오래 참음(엡 4:2) 3. 분노를 다스림(엡 4:26) 4. 악의를 버림(엡 4:31)
5년차	느헤미야	1. 믿음(히 11:6) 2. 선행(갈 6:9,10) 3. 경청함(약 1:19) 4. 책망을 받아들임(잠 9:8,9)		갈라디아서	1. 생각의 습관(빌 4:8) 2. 마음의 습관(눅 6:45) 3. 말의 습관(엡 4:29) 4. 행동의 습관(살전 5:22)
4년차	사사기	1. 공급(롬 8:32) 2.유혹에서 도우심(시 119:9,11) 3. 교제(마 18:20) 4. 증거(롬 1:16)		요한복음	1. 사랑(요일 3:18) 2. 겸손(벧전 5:5,6) 3. 순결(엡 5:3) 4. 정직(행 24:16)
3년차	여호수아	1. 구원의 확신(요 5:24) 2.예수를 첫자리에 모심(마 6:33) 3. 죄에서 떠남(롬 12:2) 4. 견고함(고전 15:58)		빌립보서	1. 성령(고전 3:16) 2. 능력(사 41:10) 3. 성실(애 3:22,23) 4. 평안(사 26:3)
2년차	말라기	1. 중심 되신 그리스도(갈 2:20) 2. 그리스도께 순종(요 14:21) 3. 말씀(딤후 3:16) 4. 기도(요 15:7)		누가복음	1. 모든이가 죄를 범함(롬 3:23) 2. 죄의 형벌(롬 6:23) 3.그리스도가 형벌 받음(롬 5:8) 4.그리스도를 영접해야함(요 1:12)
1년차	창세기	1. 말씀에 의한 생활(행 20:32) 2. 성령에 의한 생활(롬 8:14) 3. 믿음에 의한 생활(고후 5:7) 4.사랑에 의한 생활(요일 4:11)		에베소서	1. 구원의 확신(요일 5:11,12) 2. 기도응답의 확신(요 16:24) 3. 승리의 확신(고전 10:13) 4. 사죄의 확신(요일 1:9)

3. 양육 체계 확립하기

1) 모든 회원을 신앙의 성숙도에 따라 4 Step으로 분류한다.

2) 한 Term에 One Step-up을 목적으로 하여 양육하고 섬기는 사역을 실시한다.

3) Step-up이 이루어지지 않았을 때는 다음 Term에 다시 시도한다.

4) Step-up은 매 Term 시작 시점마다 점검하여 Step-up을 위한 소그룹 사역을 병행한다.

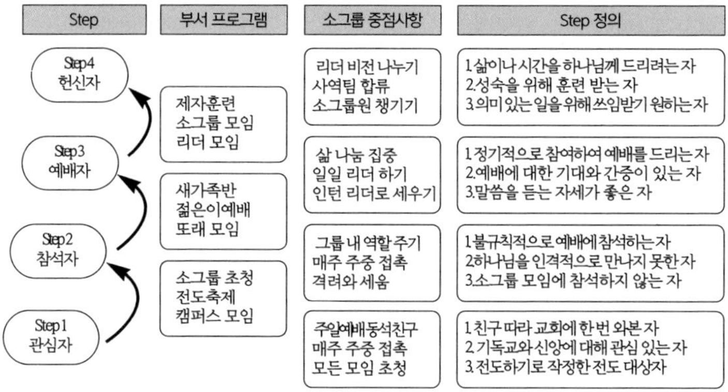

4. 운영지침 반복하기

1) 공동체성에 영향을 주는 소그룹의 기능별로 두 가지 정도의 운영 지침을 마련하여 계속해서 반복한다.

2) 각 운영지침에 대한 세부안을 준비하여 강의와 실습 형식으로 매 Term마다 반복하게 한다.

소그룹 기능	분 류	기능 강화를 위한 운영 지침
양육	귀납적(Inductive)	귀납적으로 성경공부를 인도하라
	대화(Communication)	대화를 통해 마음을 열라
예배	기회(Opportunity)	소그룹 예배에 참여할 기회를 주라
	분위기(Atmosphere)	개방적이고 용납적인 분위기를 만들라
교제	사람(Individual)	사람 중심의 소그룹 교제를 유도하라
	갈등(Trouble)	갈등을 효과적으로 관리하라
전도	기도(Prayer)	기도로 성령의 인도하심을 구하라
	목적(Purpose)	목적 지향적 소그룹이 되게 하라

5. 소그룹 리더 양육하기

1) 리더 양육 커리큘럼을 구체적으로 정하여 재교육하는 시스템을 구축한다.

2) 지속적으로 가르치고 실습하게 하되, 다양한 범주 안에서 치우치지 않도록 실시한다.

회 기	양육 커리큘럼	비 고
1st Term (1~4월)	목적 지향적 소그룹 만들기(6주) 리더 친목회(1일) 기질과 은사(4주) 리더 수련회(1박)	리더 훈련 공동체 훈련 제자 훈련 집중 훈련
2nd Term (5~8월)	귀납적 성경공부의 이론과 실제(4주) 리더 친목회(1일) 두려움 없이 사는 법(6주) 리더 수련회(1박)	리더 훈련 공동체 훈련 제자 훈련 집중 훈련
3rd Term (9~12월)	대인관계와 인간 이해(4주) 리더 친목회(1일) 하나님 마음에 합한 사람(6주) 리더 수련회(1박)	리더 훈련 공동체 훈련 제자 훈련 집중 훈련

「누가복음」 교재 개발 지침

1. 각 과의 목적을 분명하게 드러내고 있는가?
2. 관찰, 해석, 적용, 실천 영역들이 골고루 반영되었는가?
3. 각 질문들이 삶과 연결되었는가?
4. 귀납적으로 소그룹원들의 생각과 삶을 돌아보게 하는 질문인가?
5. 열린 질문('예', '아니오'로 답할 수 없는 질문)인가?
6. 처음부터 끝까지 그 진행이 부드럽고 매끄러운가?
7. 분명하고 확실한 질문인가?
8. 형식적으로 들어간 질문은 없는가?
9. 청년들에게 신선함을 주는 디자인과 내용인가?
10. 연구와 묵고(默考)를 거치면 객관적으로 답할 수 있는 질문들인가?
11. 소그룹 안에서의 협동 학습을 실행할 수 있도록 짜여 있는가?
12. 소그룹 인도자가 충분히 준비할 수 있는 시스템과 자료가 지원되고 있는가?
13. 소그룹 인도자가 각 과의 핵심가치를 분명히 알 수 있게 하는 시스템이 준비되었는가?
14. 소그룹 인도자의 공과 진행은 자신과 지도자가 파악할 수 있는 구조로 마련되었는가?

C o n t e n t s

1과
영적으로 건강한 삶

누가복음 5장 27~39절

당신은 건강이 무엇이라고 생각하는가?
WHO(세계국제보건기구)의 헌장에 보면,
"건강은 허약하지 않은 상태나 병에 걸리지 않은 상태뿐 아니라
신체적, 정신적, 사회적으로 완전히 안녕한 상태"라고 말한다.
하지만 오래 전에 여기에 '영적인 것'이 포함되었다.
이 말은 건강이란 단순하게 육체적 안녕을 말하는 것이 아니란 말이다.
이제는 일반인들도 이 사실을 안다는 뜻이다.
그럼 과연 영적으로 '완전히 안녕'한 상태란 무엇일까?
새 포도주와 새 부대의 비유를 통해서 우리는
영적인 건강이 무엇인지 확인할 수 있다.

말씀 암송 | 로마서 3장 23절

모든 사람이 죄를 범하였으매 하나님의 영광에 이르지 못하더니

|다가서기|

1. 함께한 소그룹원들에게 당신을 소개하되 자신이 좋아하는 색깔과 동물, 그리고 별명으로 소개하고 그 이유도 나누며 더 가까이 다가서 보라.

인도자 가이드 |

함께한 소그룹원들에게 자신을 소개하는 시간을 즐겁게 가지기 위함이다. 좋아하는 색깔과 동물의 이름을 말하고 그 이유를 설명한다. 그리고 자신의 별명과 그런 별명을 가지게 된 이유를 설명하면서 자신의 틀을 깨고 서로가 더욱 친근함의 자리로 나갈 수 있도록 하라. 재미있게 자기소개를 하도록 한다. 이를테면 소그룹원들이 자신의 매력에 빠질 수밖에 없는 이유나 자신의 가장 자신 있는 부분과 그 이유 등을 나누게 함으로 분위기를 밝게 이끈다.

2. 소그룹으로 함께하는 동안 영적 성숙을 위해 반드시 지켰으면 하는 것들을 나누고 그것을 '언약 맺기'의 이름으로 2~3가지 정하라.

인도자 가이드 |

예를 들면 성경 읽기, 큐티하기, 예배 지각하지 않기, 전도하기, 매주 서로 격려하기 등을 정해서 서로를 격려하고 영적으로 성숙하는 도구로 삼도록 한다. 그룹원들 간에 합의가 되면 벌금을 정하는 것도 좋은 방법이다.

3. 당신이 구원의 감격을 잃어버리는 때는 언제이며 무엇 때문인지 생각해 보고, 그 이유와 그렇게 되면 손해 보는 것들은 무엇인지 나누어 보라.

인도자 가이드 |

신앙생활은 구원의 감격을 빼앗기느냐 빼앗기지 않느냐의 싸움이다. 아무리 큰 죄도 우리의 구원을 빼앗아 갈 수 없지만, 아무리 작은 죄라도 우리의 구원의 기쁨을 빼앗아 갈 수는 있다. 그럴 때 우리의 감정과 생활, 손해 보는 것 등을 나누면 된다.

|깊이 보기| 누가복음 5장 27~39절

오늘 본문은 예수님께서 당시 죄인으로 간주되었던 레위를 부르시는 장면이다. 레위는 감사하여 예수를 따랐고, 자기 집에 동료들을 불러 예수님을 위해 잔치를 벌였다. 그 자리에 바리새인들과 서기관들이 와서 제자들이 죄인들과 함께 먹고 마시는 것을 비난하자 예수님께서 '새 포도주는 새 부대에 넣어야 할 것이니라'라는 비유를 말씀하시는 장면이다.

4. 세관에 앉아 있다가 예수님의 부르심에 반응하여 예수님을 따랐고, 그 후에 동료 세리들을 불러 잔치를 배설한 레위는 어떤 사람인가?(마 9:9, 막 2:14)

말씀 살피기 |

예수께서 그곳을 떠나 지나가시다가 마태라 하는 사람이 세관에 앉아 있는 것을 보시고 이르시되 나를 따르라 하시니 일어나 따르니라(마 9:9)

또 지나가시다가 알패오의 아들 레위가 세관에 앉아 있는 것을 보시고 그에게 이르시되 나를 따르라 하시니 일어나 따르니라(막 2:14)

인도자 가이드 |

여기서 말하는 레위는 바로 신약의 첫 책인 마태복음을 기록한 예수님의 제자이다. 누가복음 6장15절에서 '마태'라는 이름으로 불리게 되는 레위는 예수님의 제자로 부름받기 전까지 당시 세관에 앉아 백성들로부터 세금을 거두어들이던 사람으로 죄인 취급을 받았다.

5. 30절 말씀을 보고, 바리새인들과 서기관들이 예수님과 제자들을 비방한 이유는 무엇인지 말해 보라(30절).

말씀 살피기 |

바리새인과 그들의 서기관들이 그 제자들을 비방하여 이르되 너희가 어찌하여 세리와 죄인과 함께 먹고 마시느냐(눅 5:30)

인도자 가이드 |

바리새인과 서기관들이 예수님과 제자들을 비방한 이유는 그들이 세리, 죄인들과 함께 식사를 했기 때문이다. 당시 유대의 식사 문화는 그 초대한 사람과 초대를 받은 사람이 같은 부류라는 사실을 드러내는 상징성이 있었다. 예수님께서 죄인들과 식사를 같이 한다는 것은 율법을 어기는 행위이며 그들과 같은 죄인이라는 사실을 인정하는 것이기 때문에 비아냥거리면서 말한 것이다.

6. 이에 대한 주님의 대답은 31,32절로, 이 말은 비꼬는 말이다. 이 말에는 주님이 생각하시는 '영적 건강'에 대한 기준이 잘 드러난다. 예수님이 말씀하시는 영적 건강이란 무엇인가?(31,32절)

말씀 살피기 |

예수께서 대답하여 이르시되 건강한 자에게는 의사가 쓸 데 없고 병든 자에게라야 쓸 데 있나니(눅 5:31)

내가 의인을 부르러 온 것이 아니요 죄인을 불러 회개시키러 왔노라(눅 5:32)

인도자 가이드 |

건강한 자가 의인이고, 병든 자가 죄인이다. 문맥상 건강한 자와 의인이 바리새인이고, 병든 자와 죄인이 세리들이다. 그러므로 이 말은 비꼬는 말이다. 영적 건강의 기준은 의사가 필요 없는 자가 아니라 의사를 통해 고침을 받는 사람이라는 뜻이다. 의사는 바로 예수님이시다. 영적으로 건강한 사람은 의사 되신 예수님이 필요하다고 생각하는 사람이라는 말이다.

7. 당신은 정말로 당신의 인생에 예수님이 필요하다고 생각하는가? 만약 그렇게 생각하지 않는다면, 그 이유는 무엇인지 구체적으로 나누어 보라.

인도자 가이드 |

우리는 보통 구원을 위해서는 예수가 필요하지만 학교나 직장에 가고, 밥을 먹고, 친구를 만나는 일상생활 속에서는 굳이 예수님이 필요하다는 생각을 하지 않는다. 그런 일상의 삶 속에 예수님을 민감하게 의지하지 않는 영역들을 끄집어 내어 나누고, 좀 더 예수님을 필요로 하는 삶을 살기를 각오해야 한다. 결국은 예수님 없이는 한 발자국도 나갈 수 없음을 인식하도록 한다.

8. 의사 되신 예수님은 병든 자, 죄인을 고치시는 분이시다. 예수님의 고침과 회복하게 하심의 방식이 어떤 것인지 확인해 보라(29절, 계 3:20).

말씀 살피기 |

레위가 예수를 위하여 자기 집에서 큰 잔치를 하니 세리와 다른 사람이 많이 함께 앉아 있는지라(눅 5:29)

볼지어다 내가 문밖에 서서 두드리노니 누구든지 내 음성을 듣고 문을 열면 내가 그에게로 들어가 그와 더불어 먹고 그는 나와 더불어 먹으리라(계 3:20)

인도자 가이드 |

예수님이 죄인인 병자들과 같은 우리들을 고치시는 자리는 먹고 마시는 식탁 교제의 자리이다. 식탁 교제는 상징이다. 자신의 삶을 나누고, 고민을 나누고, 삶 위에 그분의 말씀을 펼쳐놓는 자리가 바로 식탁 교제이다. 예배의 자리보다는 예수님과 교제하는 자리에서 주님은 우리를 치료하신다는 말씀이다. 이는 더 나아가 소그룹 안에서 서로가 예수님의 말씀을 나누고 격려하며 위로하는 것의 중요성을 나타내기도 한다. 그러므로 너무 지나치게 집회 일변도의 신앙보다 소그룹 안에서 주님과 함께 말씀의 교제를 나누는 것이 회복과 치료의 중요한 환경이 될 수 있음을 잊지 말라.

9. 바리새인들과 서기관들이 말하는 금식은 '자신의 의를 위한 금식'이다(33절). 그래서 주님은 이 금식이 아니라 다른 금식을 말씀하신다. 그 금식은 무엇인가?(33~35절)

말씀 살피기 |

그들이 예수께 말하되 요한의 제자는 자주 금식하며 기도하고 바리새인의 제자들도 또한 그리하되 당신의 제자들은 먹고 마시나이다(눅 5:33)

예수께서 그들에게 이르시되 혼인 집 손님들이 신랑과 함께 있을 때에 너희가 그 손님으로 금식하게 할 수 있느냐(눅 5:34)

그러나 그날에 이르러 그들이 신랑을 빼앗기리니 그날에는 금식할 것이니라(눅 5:35)

인도자 가이드 |

원래 금식의 목적은 자기 의가 아니라 하나님의 의다(슥 7:9,10). 하지만 바리새인들과 서기관들이 한 금식은 하나님의 의가 아니라 자기 자신의 의를 드러내는 금식이었다. 그래서 주님은 다른 방식의 금식이 필요함을 말씀하신 것인데, 그것을 한마디로 하면 '신랑을 빼앗기는 날에 하는 금식'이라고 말씀하신다. 신랑은 예수 그리스도를 의미하기 때문에 예수님을 십자가에 빼앗기고 잃어버리게 될 때 하는 금식을 말씀하시는 것이다.

10. 신랑은 예수님이고, 금식은 삶의 방식을 의미한다. 그렇다면 '신랑을 빼앗기는 날 하는 금식'이란 어떤 의미인지, 자신들의 의를 드러내기 위한 전통적인 금식과 비교하여 설명해 보라.

인도자 가이드 |

신랑을 빼앗기고 하는 금식은 신랑이신 예수님 없이는 살 수 없는 삶의 방식을 말한다. 예수님은 의사이시면서 신랑이시기 때문에 그분 없이는 치료받을 수도, 행복할 수도 없다. 그런데 여러 가지 것들에 신랑을 빼앗기게 되는 일이 생길 것이다. 학업에, 직장에, 분주함에 마음을 빼앗겨 버리는 때가 올 것이란 말이다. 바로 그런 때에 '하나님 없이는 살 수 없다'라는 고백으로 하는 금식, 곧 그런 삶의 방식으로 살아야 한다는 말이다. 그러니 자신들의 의를 드러내기 위해 해 오던 전통적인 금식, 삶의 방식으로 살면 안 된다는 말씀을 하시는 것이다.

11. 예수님은 신랑이신 예수님 없이는 살 수 없는 삶의 방식을 설명하시기 위해서 36~39절의 비유를 말씀하신다. 여기서 말하는 새 옷 조각과 새 부대, 낡은 옷과 낡은 부대는 각각 무엇을 의미하는지 연결해 보라.

자기 의를 드러내기 위한 금식• •새 부대• •낡은 옷• •새 포도주

신랑을 빼앗기는 날에 하는 금식• •낡은 부대• •새 옷• •묵은 포도주

말씀 살피기 |

또 비유하여 이르시되 새 옷에서 한 조각을 찢어 낡은 옷에 붙이는 자가 없나니 만일 그렇게 하면 새 옷을 찢을 뿐이요 또 새 옷에서 찢은 조각이 낡은 것에 어울리지 아니하리라(눅 5:36)

새 포도주를 낡은 가죽 부대에 넣는 자가 없나니 만일 그렇게 하면 새 포도주가 부대를 터뜨려 포도주가 쏟아지고 부대도 못쓰게 되리라(눅 5:37)

새 포도주는 새 부대에 넣어야 할 것이니라(눅 5:38)

묵은 포도주를 마시고 새것을 원하는 자가 없나니 이는 묵은 것이 좋다 함이니라 (눅 5:39)

인도자 가이드 |

바리새인들과 서기관들이 말하는 금식은 전통적인 삶의 방식으로, 비유에서는 낡은 부대와 낡은 옷, 묵은 포도주로 상징된다. 예수님께서 말씀하신 '신랑을 빼앗기는 날에 하는 금식'은 새로운 삶의 방식으로 새 옷 조각과 새 부대, 새 포도주로 상징된다.

12. 새 포도주와 새 옷 조각은 예수님께서 주신 복음과 구원의 감격을 말한다. 그러면 38절에서 말하는 새 포도주는 새 부대에 넣어야 하고, 새 옷 조각은 새 옷에 붙여야 한다는 말씀은 어떤 의미라고 생각하는가?(38절, 36,37절)

인도자 가이드 |

여기서 새 포도주는 예수님께서 주신 복음과 구원의 감격을 말한다. 이 구원의 감격을 잘못 담으면 다 쏟아져 버린다. 그 잘못된 그릇이 바로 전통적인 삶의 방식이다. 자신의 의를 드러내기 위한 삶의 방식에 담으면 복음도 구원의 감격도 쏟아져 버린다는 것이다. 그러므로 복음과 구원의 감격은 새로운 삶의 방식, 즉 예수님 없이는 살 수 없다고 말하는 삶의 방식이라는 그릇에 담아야 한다는 뜻이다.

13. 이 비유를 자세히 보면 복음과 구원의 감격을 전통적인 삶의 방식에 담으면 그것이 쏟아져 못 쓰게 된다는 의미만을 내포하지 않는다. 37절을 자세히 보고 그 심각성을 어떻게 설명하고 있는지 말해 보라.

말씀 살피기 |

새 포도주를 낡은 가죽 부대에 넣는 자가 없나니 만일 그렇게 하면 새 포도주가 부대를 터뜨려 포도주가 쏟아지고 부대도 못쓰게 되리라(눅 5:37)

인도자 가이드 |

전통적인 삶의 방식대로 살면 복음과 구원의 감격만 잃어버리는 것이 아니다. 37절 끝 부분을 보면 '그 부대도 못 쓰게 된다'는 경고를 하신다. 그러니까 전통적인 삶의 방식 역시도 잃어버리게 된다는 말씀을 하시는 것이다. 그러므로 이 비유는 전통적인 삶을 선택하든지, 아니면 새로운 복음적 삶의 방식을 선택하라는 말이 아니라 반드시 새로운 삶, 예수님 없이는 살 수 없는 삶의 방식을 취해야 한다는 말이다. 그렇지 않으면 우리의 삶 자체도 망가져 버린다는 경고인 것이다.

|다짐하기|

14. 당신의 삶 속에서 예수님을 빼앗아 가버리는 것과 전통적인 삶의 방식이 무엇이 있는지 점검하여 구체적으로 적고, 그것들로부터 어떻게 복음과 구원의 감격을 지킬 수 있는지 나누어 보라.

예수를 빼앗아 가버리는 것과 전통적인 삶	복음과 구원의 감격을 지키는 방법
우리 삶 곳곳에 예수를 빼앗아 가 버리는 것에는 TV, 친구, 연애, 학업, 공부, 직장, 분주함, 피곤함 등이 있다. 또한 전통적인 신앙생활이란 그저 예배에 참석만 하고 출석만 하는 태도, 복받기 위한 십일조, 변질된 신앙의 동기, 겉도는 종교 활동 등이다. 그런 것들을 구체적으로 점검하는 것이 필요하다.	우리의 삶의 방식은 예수를 빼앗기면 금식하는 삶의 방식을 취해야 한다. 금식이란 말은 음식을 끊는다는 의미라기보다는 예수님 없이는 살 수 없는 삶의 방식을 말한다. 어떻게 하면 그런 것들로부터 예수님께서 주신 복음적 삶과 구원의 감격을 지켜낼 수 있는지 이야기하게 하는 것이다. 이를테면, 기도와 말씀, 말하기 쉽지 않은 죄까지도 나눌 수 있는 친구를 갖거나 문화생활로 치부되는 것을 의도적으로 절제한다든지 하는 것 등일 것이다.

15. 예수님이 우리를 고치시고 회복시키시는 자리는 예배의 자리라기보다는 오히려 식탁 교제의 자리다. 주님은 우리의 예배보다 교제를 더 원하신다. 당신 속에 예수님이 일하시고 말씀하실 수 있는 여지와 시간을 계획해 보라. 그것을 방해하는 것들이 있다면 끄집어 내어 정리하는 시간을 가져 보라.

인도자 가이드 |

주님은 우리를 식탁 교제 가운데서 치유하시고 회복하게 하시기를 원하신다. 이 자리는 일방적인 예배의 자리라기보다는 쌍방이 함께 말을 주고받고, 먹고 마시며, 교제하는 자리다. 소그룹원들의 삶 속에 이런 성경공부의 시간, 큐티의 시간, 주님과 교제하는 기도의 시간이 있는지 점검하고 방해하는 것들을 점검하도록 도와준다.

|관점 얻기|

건강한 자와 병든 자

31,32절에서 말하는 건강한 자는 의인이고, 병든 자는 죄인이다. 문맥상 건강한 자, 의인은 바로 바리새인과 서기관들이다. 병든 자, 죄인은 세리들이다. 이 말은 비꼬는 말이다. 주님이 말하는 건강의 기준은 의사가 필요하지 않으면 건강한 자이고, 필요하면 병든 자다. 진정으로 건강한 자는 의사의 치료를 받고 회복되는 자, 즉 회개하는 자이다. 자신의 죄를 인정하는 자는 병든 자임에 틀림이 없지만, 진정으로 그것을 인정하고 주님의 초대에 응하는 사람은 정말로 영원을 살 수 있는 건강한 자가 되는 것이다.

예수님의 치료

이런 병든 자들에 대한 주님의 치료는 그들과 함께 먹고 마시는 것이다. 한마디로 주가 필요한 자들과의 식탁 교제이다. 이 식탁 교제의 특징은 주님의 죄 용서하심에 응답하여 모인 사람들이 주님과 말씀으로 교제하며 상호 간에도 서로 삶을 나누는 자리다. 여기에서 우리는 바로 성경적인 소그룹의 필요성을 확인한다. 내 옆에 나 같은 세리가 있어야 한다.

바리새인들과 서기관들의 금식

그들이 말하는 금식은 율법과 전통에 의한 금식으로 자기 의를 위한 금식이다. 구약에서 말하는 금식의 주제는 "하나님의 의"다(슥7:9-10). 하지만 이들이 했던 금식은 바로 자신의 의를 위한 위선적인 금식에 불과했던 것이다. 주님은 자신들이 건강하다는 증거로 내세운 옛 습관에 따른 종교적 열심을 나타내기 위한 금식을 질타하신 것이다.

새 옷 조각과 새 포도주의 비유

새 옷 조각과 새 포도주는 바로 예수님께서 열어놓으신 새로운 복음적 삶과 구원의 감격이다. 죄 용서의 초대로 식탁 교제 가운데 있는 기쁨을 말한다. 이에 반해 헌 옷 조각과 헌 가죽부대는 옛 습관과 사고방식을 말한다. 이를테면 자기 의를 위한 금식과 같은 것이다. 그러니까 옛 습관, 특히 자기 의를 위한 삶의 방식으로는 새로운 복음적 삶을 담아낼 수 없고 기쁨도 쏟아져 버린다는 뜻이다.

복음적 삶과 구원의 기쁨과 감격이 찢어지고 쏟아져 버리는 이유는 옛날 방식의 삶, 옛 습관, 자기 의를 위한 종교생활 때문이다. 결국 과거의 습관과 삶을 가지고 있으면, 계속해서 자기 의를 위한 종교생활을 하고 그것 때문에 우리가 가지고 놓지 않던 그 삶의 방식과 틀도 찢어져 버리게 된다는 것이다. 옛 습관, 자기 의를 위한 종교생활을 포기하지 않으면 결국 둘 다 잃게 된다. 둘 중의 하나를 선택하라는 것이 아니다. 반드시 옛 습관을 버려야 둘 다 살린다는 것이다.

|청년 자기 체크리스트|

아래의 체크리스트를 가지고 오늘 소그룹 모임에 임한 자신의 태도를 충분히 점검해 보라.

	점검 사항	5	4	3	2	1
준비 및 예습	본 과를 준비하면서 충분히 예습은 하였는가?					
	각 과의 분명한 목적은 알고 모임에 임했는가?					
	성령께서 나를 만지시도록 기도로 준비하였는가?					
	소그룹원들을 위해서 중보하였는가?					
	리더를 위해서 중보하였는가?					
	나를 변화시키실 하나님을 기대하는 마음으로 임했는가?					
참여 및 자세	적극적으로 질문과 대답에 참여했는가?					
	정직하게 자신을 보여주었는가?					
	지체들의 이야기에 사랑의 마음으로 공감적 경청을 하였는가?					
	모임 중 성령의 인도하심을 계속적으로 구했는가?					
	하나님께서 원하시는 것이 무엇인지 분명히 알았는가?					
	발견한 진리를 삶과 인격에 적용하기로 결단했는가?					
	이번주에 중보할 지체를 발견했는가?					
적용 및 결단	자신의 적용이 삶과 인격에 변화를 가져올 만큼 구체적인가?					
	배운 내용이 삶의 상황에 분명히 적용되었는가?					
	소그룹 모임에 대한 만족감이 있었는가?					
	배운 내용을 분명하게 정리했는가?					
	이번 과의 주제와 목적을 분명히 알게 되었는가?					
	삶과 인격의 변화를 위해 기도할 준비가 되어 있는가?					
평가	이번주 총점					

"그러므로 내 사랑하는 형제들아 견실하며 흔들리지 말고 항상 주의 일에 더욱 힘쓰는 자들이 되라 이는 너희 수고가 주 안에서 헛되지 않은 줄 앎이라" (고전 15:58)

- 이번주 생일 맞은 사람은?
- 이번주 소그룹 특이 사항은?
- 다음주 행사는?
- 다음주 전도할 대상은?
- 이번 달 암송 구절과 필독서는?

2과
용서하는 삶

누가복음 6장 37~42절

"눈에 콩깍지가 씌였다"는 말을 들어봤을 것이다.
이 말은 흔히 '사랑에 빠졌다'는 의미로 쓰인다.
왜 사랑에 빠진 사람을 눈에 콩깍지가 씌였다고 하는 것일까?
그것은 사랑에 빠지면 상대가 하는 말이나 행동은 뭐든 사랑스러워 보이기 때문이다.
하지만 이 말의 정확한 의미는 콩의 껍질이 눈에 씌여 희미해서 사물을 확실하게 보지 못한다는 말이다.
다소 부정적인 의미라고 할 수 있겠다.
오늘 본문에는 눈에 콩깍지가 씌인 사람의 이야기가 등장한다.
눈에 들보가 낀 사람과 티가 낀 사람의 이야기이다.
우리는 흔히 이 들보가 서로의 허물이라고 생각한다.
남의 약점보다 내가 더 큰 허물이 있으니 비판하지 말라는 교훈으로 생각한다.
하지만 성경이 말하는 의미는 그것이 아니다.
도대체 여기서 말하는 '들보와 티'의 의미는 무엇일까?

말씀 암송 | 로마서 3장 23절

모든 사람이 죄를 범하였으매 하나님의 영광에 이르지 못하더니

|다가서기|

본문은 앞서 말씀하신 교훈의 연속으로 '제자들이 어떻게 살아야 하는가?'에 대한 가르침이다. 그러므로 교훈은 27절부터 등장하는, 바로 나를 저주하고 모욕하고, 내 뺨을 때리고, 나의 것을 빼앗는 원수들에 대한 것이다. 본문은 세 가지 교훈과 세 가지 비유를 통해서 제자의 인간관계를 말씀한다.

1. 같은 소그룹원들을 처음 만났을 때의 선입관, 첫 인상을 이야기해 보자. 왜 그렇게 생각하게 되었는지도 말해 보며, 솔직한 이야기들로 서로에게 더욱더 다가가 보라.

인도자 가이드 |
사람의 첫 인상을 결정하는 요소들이 많이 있다. 서로의 첫 인상, 선입관을 나누면서 그런 요소들을 하나씩 점검해 보자.

2. 당신은 누군가에 대해 잘못된 선입관으로 한동안 그에 대해 오해를 한 적이 있는가? 그 오해를 깨달은 후에 어떤 느낌이 들었는가?

인도자 가이드 |
인간관계에서 가장 힘든 부분은 선입관이다. 잘못된 선입관은 좀처럼 변하지 않기 때문에 그 사람에 대한 잘못된 인식과 함께 상당히 많은 손해를 보게 된다. 그 잘못된 선입관이 있는 한 정확하게 사람을 볼 수 없는 것처럼, 말씀에 대한 잘못된 선입관도 정확하게 하나님의 뜻을 깨닫지 못하게 한다.
오늘 본문은 우리가 잘못된 선입관으로 해석하는 대표적인 본문이므로 선입관에 대한 이야기를 먼저 해 본다.

|깊이 보기| 누가복음 6장 37~42절

3. 37절에서 말하는 교훈 세 가지를 정리해 보고, 각각의 의미를 생각해 보라.

① 비판하지 말라. 결코 [비][판]을 받지 않으려면.

② 정죄하지 말라. 결코 [정][죄]를 받지 않으려면.

③ 용서하라. 그러면 [용][서]를 받을 것이다.

말씀 살피기 |

비판하지 말라 그리하면 너희가 비판을 받지 않을 것이요 정죄하지 말라 그리하면 너희가 정죄를 받지 않을 것이요 용서하라 그리하면 너희가 용서를 받을 것이요(눅 6:37)

인도자 가이드 |

37절의 교훈은 점층적 구조를 가지고 있다. 비판은 남에 대한 내적인 비난을 의미하고, 정죄는 외적으로 하는 불리한 판결이나 유죄 판결을 말한다. 용서는 그보다 더 적극적인 인간관계의 모습을 긍정적으로 묘사한 것이다. 뒤로 갈수록 더욱더 적극적인 관계를 형성하라고 말씀하신다.

4. 성경 전체에서 말하는 교훈은 '비판하지 말라'가 아니라 '판단하라'는 뉘앙스에 더 가깝다(고전 5:3). 그러므로 여기서 말하는 '비판'은 '남의 허물을 드러내는 차원에서 하는 비난'을 의미한다. 당신은 남의 허물을 비난하는 습관이 있지는 않은가?

말씀 살피기 |
내가 실로 몸으로는 떠나 있으나 영으로는 함께 있어서 거기 있는 것같이 이런 일 행한 자를 이미 판단하였노라(고전 5:3)

인도자 가이드 |
여기서 말하는 '비판하지 말라'는 '남의 허물을 드러내기 위한 비난'을 의미한다. 성경 전체는 오히려 판단하는 작업을 게을리하지 말아야 한다고 말한다. 그러므로 '판단하지 말라'가 아니라 '내적으로라도 비난하지 말라'는 의미로 보아야 한다.

5. 37절의 '정죄하지 말라'는 말은 어떤 의미라고 생각하는가? 당신이 남을 정죄하는 때는 언제인가?

인도자 가이드 |
여기서 '정죄하지 말라'는 말은 외적으로 남에게 불리한 판결이나 유죄 판결을 하는 것을 말한다. 점층적으로 묘사하고 있는 이 교훈은 내적으로 남을 비난하지 말아야 하는 이유가 결국 그런 비난은 반드시 외적인 정죄로 표현되기 때문이라는 말이다.

6. '용서하면 우리도 용서를 받을 것이라'는 말씀은 35절부터 이어지는 '원수'에 관한 교훈이다. 당신은 과연 '우리가 원수를 용서하

면 원수도 우리를 용서할 것이라'는 이 말씀을 받아들일 수 있는가? 아니라면 그 이유는 무엇인가?

인도자 가이드 |

원수란 내가 잘 대해주면 그도 역시 나에게 잘 대해주는 그런 사람을 말하는 단어가 아니다. 내가 잘 대해주면 그 역시 나에게 잘 대해주는 그런 사람은 원수가 아니라 성격이 까다로운 사람 정도라고 해야 맞을 것이다. 여기서 우리를 용서하는 장본인은 원수가 아니라 하나님임을 알 수 있다. 이 구절은 38절에서 더욱 지지를 받게 되는데, 왜냐하면 38절의 '주리라'는 신적 수동태로 하나님을 가리키고 있기 때문이다.

7. 38절은 '주면 우리도 받을 것이라'는 말씀으로 신적 수동태 문형으로 되어 있다. 37절을 근거로 하여 우리가 주어야 할 것은 무엇이며, 우리에게 다시 주시는 이는 누구인지 말해 보라.

말씀 살피기 |

주라 그리하면 너희에게 줄 것이니 곧 후히 되어 누르고 흔들어 넘치도록 하여 너희에게 안겨 주리라 너희가 헤아리는 그 헤아림으로 너희도 헤아림을 도로 받을 것이니라(눅 6:38)

인도자 가이드 |

여기서 '주라'는 말은 37절의 '용서'를 말한다. 그러면 '후이 되어 누르고 흔들어 넘치도록 하여 주리라'는 하나님께서 그렇게 하시겠다는 말씀이다. 즉 우리가 원수에게 용서를 주면 원수가 아니라 하나님께서 우리에게 하나님의 용서를 주시겠다는 말씀이다.

8. 38절 후반절의 의미는 그리스도인의 인간관계는 계명을 지키는

문제가 아니라 결국 '헤아림'의 문제라는 것을 말씀하신다. 원수와 같은 인간관계에서 우리가 헤아려야 할 것은 무엇인가?

말씀 살피기 |

주라 그리하면 너희에게 줄 것이니 곧 후히 되어 누르고 흔들어 넘치도록 하여 너희에게 안겨 주리라 너희가 헤아리는 그 헤아림으로 너희도 헤아림을 도로 받을 것이니라(눅 6:38)

인도자 가이드 |

'너희가 헤아리는 그 헤아림으로 너희도 헤아림을 도로 받을 것이니라'는 말씀은 '너희가 재는 그 자대로 너희도 재어짐을 당할 것이다'라는 의미다. 그러므로 그리스도인의 인간관계는 계명을 지키는 문제가 아니라 하나님의 용서하심을 헤아리는 문제이다. 우리가 먼저 받은 그 용서를 헤아림으로 원수를 헤아리면 원수도 용서할 수 있다는 말씀이다. 결국 우리가 원수를 용서할 수 있는 것은 하나님의 용서를 헤아림으로 가능한 것이다.

9. 39절 이후부터 등장하는 비유들은 위의 교훈을 염두에 둔 비유들이다. 그렇다면 39,40절에서 말하는 맹인과 선생은 누구를 말하는 것인가?(39절)

말씀 살피기 |

또 비유로 말씀하시되 맹인이 맹인을 인도할 수 있느냐 둘이 다 구덩이에 빠지지 아니하겠느냐(눅 6:39)

제자가 그 선생보다 높지 못하나 무릇 온전하게 된 자는 그 선생과 같으리라(눅 6:40)

인도자 가이드 |

두 비유에 등장하는 맹인과 선생은 헤아리지 못하는 사람이다. 즉 하나님의 용서를 보지 못하고 그것을 가르치지 못하는 사람으로, 결국은 영원한 구덩이에 빠질 수밖에 없는 사람을 의미한다. 이런 사람의 특징이 바로 용서하지 않고, 비판하고, 정죄한다는 말을 하신 것이다.

10. 41절의 들보와 티의 비유 역시 앞의 두 비유와 맥락을 같이 하는 비유이다. 그렇다면 이 비유에서 말하는 '눈 속에 들보가 있는 사람'과 '눈 속에 티가 있는 사람'은 각각 누구를 의미하는 것일까?(41절)

말씀 살피기 |

어찌하여 형제의 눈 속에 있는 티는 보고 네 눈 속에 있는 들보는 깨닫지 못하느냐(눅 6:41)

인도자 가이드 |

앞의 두 비유과 들보와 티의 비유가 같은 맥락이라는 말은 같은 구조로 의미를 해석해야 한다는 뜻이다. 즉 들보와 티는 우리 속에 있는 우리의 일반적인 크고 작은 약점을 말하는 것이 아니다. 들보가 있는 사람은 하나님의 사랑을 헤아리지 못하는 사람이고, 티가 있는 사람은 원수와 같은 사람을 의미하는 것이다.

11. 들보와 티의 비유에서 예수님께서 문제시하는 것은 들보와 티가 있는 사람이 아니라 '깨닫지 못함'이다. 여기서 예수님께서 말씀하신 '깨닫지 못함'이란 무엇을 의미하는가? 당신은 정말 이 깨달음이 있는가?

인도자 가이드 |

여기서 깨닫지 못함이란 '하나님의 용서하심을 깨닫지 못함'이다. 원수와 같이 대하는 사람은 하나님의 사랑과 용서를 깨닫지 못하는 사람이기 때문에 하나님의 사랑과 용서를 받은 나에 비하면 티가 있는 사람에 불과하다. 우리는 너무 큰 용서를 받았기 때문이다. 관계의 힘듦이 있는 이유는 그 사람이 원수와 같이 나에게 대하기 때문이 아니라 내가 하나님의 사랑과 용서하심을 망각하고 살기 때문이다.

12. 42절의 말씀은 모순이다. 그 이유는 눈에 들보가 있는 사람은 상대방의 눈에 티를 볼 수가 없기 때문이다. 이 말의 의미는 무엇이며, 여기서 '외식하는 자'는 어떤 사람인가?

말씀 살피기 |

너는 네 눈 속에 있는 들보를 보지 못하면서 어찌하여 형제에게 말하기를 형제여 나로 네 눈 속에 있는 티를 빼게 하라 할 수 있느냐 외식하는 자여 먼저 네 눈 속에서 들보를 빼라 그 후에야 네가 밝히 보고 형제의 눈 속에 있는 티를 빼리라(눅 6:42)

인도자 가이드 |

하나님의 용서를 헤아리지 못하는 사람은 남을 용서할 수 없다. 왜냐하면 나는 더 큰 죄인이었는데 하나님이 용서해 주셨다는 사실을 모르기 때문이다. 그러므로 들보를 가지고는 상대방의 눈에 있는 티를 보지 못한다는 말은 하나님의 용서를 기억하지 못하는 자는 상대방을 용서할 수 없다는 말이다. 그렇기 때문에 여기서 '외식하는 자'란 하나님의 용서와 사랑을 받았으면서도 그분의 용서를 기억하지 못하고, 그분의 사랑을 헤아리지 않고 살아가는 자를 말한다.

13. 42절의 교훈은 궁극적으로 들보를 빼라는 말인가, 아니면 티를 빼 주라는 교훈인가? 교훈을 순종하기 위해서는 어떻게 하라고 말씀하시는가?

인도자 가이드 |

42절의 교훈은 궁극적으로는 형제의 눈 속에 있는 티를 빼 주라는 교훈이다. 네가 생각하는 사람은 원수가 아니라 형제라는 것이다. 그 형제의 티를 빼 주려면 먼저 내 눈 속에 있는 들보를 빼야 한다. 즉 형제를 용서할 수 있으려면 내가 먼저 하나님의 용서를 헤아릴 수 있어야 한다. 들보를 빼는 것은 하나님의 용서를 헤아리는 것을 말한다. 그리스도인의 인간관계의 핵심은 하나님의 사랑과 용서를 기억하고 사는 것이다. 그 용서와 사랑을 받았으면서도 그것을 헤아리지 못하는 사람은 외식하는 자이다.

|다짐하기|

14. 당신은 하나님의 용서와 사랑을 기억하고 사는 사람인가? 당신에게 주신 하나님의 사랑과 용서를 다시 기억하여 나누어 보라. 그리고 그것을 기억하지 못하게 하는 것들은 무엇인지 점검하여 어떻게 처리할지를 나누어 보라.

인도자 가이드 |

중요한 것은 자신을 향한 하나님의 사랑과 용서를 기억하는 것이다. 남이 받은 사랑과 용서가 아니다. 그러므로 용서하고 사랑하는 사람이 되려면 필수적인 하나님의 사랑과 용서를 헤아리는 작업이 필요하다. 하지만 우리 삶에는 이런 것을 방해하는 요소들이 많다. 분주함, 학업, 친구, 취미, 나의 즐거움 등 그런 것들을 구체적으로 점검하여 어떻게 처리할지를 나누는 것은 하나님의 용서를 헤아리는 데 큰 힘이 된다. 반드시 구체적으로 나누도록 한다.

15. 당신이 속한 공동체는 하나님의 사랑과 용서를 기억하는 사람들이 모인 공동체인가? 그렇지 않다면 어떻게 하면 그런 공동체가 될지 나누어보라.

인도자 가이드 |
그리스도인의 대인관계는 가정과 교회 공동체, 나아가서는 사회와 민족 전체에 영향을 미쳐야 한다. 개인적인 문제가 아니라 대사회적 책임의 영역으로 확장되어가야 할 문제이다. 그러므로 공동체 안에서 하나님의 사랑과 용서를 기억하고 살아가는 것이 중요하다.

|관점 얻기|

비판하지 말라, 정죄하지 말라, 용서하라

여기서 비판은 내적인 판단을 의미하는 것이다. 마태복음 7장이나 18장, 고린도전서 5장 3절에서는 오히려 거짓 선지자들이나 죄를 범한 형제에 대해 판단하라고 말한다. 기본적인 성경의 가르침은 진리의 문제와 죄의 문제에 있어서는 철저하게 판단하라는 것이다. 성령의 내주하심으로 회복된 이성과 진리로 냉철하게 판단할 것을 판단해야 한다. 하지만 타인의 허물을 드러내는 차원에서는 어떤 형태든 판단하지 말라는 뜻이다.

'비판하지 말라'는 말이 내적인 차원에서 비난하지 말라는 의미인데 반해, '정죄하지 말라'는 말은 '외적으로 그에게 불리한 판결이나 유죄 판결을 내리지 말라'는 의미다. 결국 우리가 남을 내적으로 판단하지 말아야 하는 이유는 그 내적 비판이 반드시 외적인 정죄로 이어지기 때문이다.

세 가지 교훈은 다 'give & take'의 형식으로 설명된다. 비판하면 비판받고, 정죄하면 정죄 받고, 용서하면 용서받으니 그러므로 용서하라는 식이다. 하지만 이 말씀은 우리가 원수를 용서하고 잘 대해주면 원수도 언젠가는 그 마음을 뉘우쳐 우리에게 잘 대해줄 것이라는 말이 아니다. 원수는 그런 사람이 아니다.

주라 주실 것이요

38절에 '넘치도록 하여 안겨 주는 것'은 신적 수동태로 하나님이 그렇게 안겨 주신다는 말이다. 여기서 '주라'는 말은 바로 '용서'를 주라는 말이다. 이 용서는 하나님께서 우리에게 주신 용서다. 바로 그 용서를 그에게 그대로 주라는 말이다. 38절 하반절에 "너희가 헤아리는 그 헤아림으로 너희도 헤아림을 도로 받을 것이니라" 라는 말은 '너희가 재는 그 자로 너희도 재어질 것이다'이다. 하나님의 그 용서를 헤아리라는 말이다.

그러므로 그리스도인의 인간관계에서 강조하고 있는 것은 비판하지 말라, 정죄하지 말라, 용서하라가 아니다. 그리스도인의 인간관계는 윤리적 계명을 지키는 문제가 아니라 받은 용서를 헤아리는 문제다. 그렇기 때문에 우리의 관계에서 우리는 우리를 힘들게 하는 그 사람에게 뭔가를 기대해서는 안 된다.

세 가지 비유

첫 번째 비유에서 맹인은 보지 못하기 때문에 결국은 구덩이에 빠질 수밖에 없는 운명의 사람이다. 하나님의 용서를 보지 못해서 결국은 영원한 구덩이에 빠질 수밖에 없는 사람을 의미한다. 내게 주신 그 크신 하나님의 용서를 보지 못하면 결국 영원한 지옥의 구덩이에 빠질 수밖에 없는 것이다. 이런 사람의 특징은 용서하지 않고, 비판하고, 정죄하는 것이다.

두 번째 비유 역시 맹인인 선생을 따라 가면 결국 선생과 같이 구덩이에 빠질 수밖에 없다는 말씀을 반복하신 것이다.

세 번째 비유는 형제의 허물이 보여도 내가 더 큰 허물이 있음을 알고 가르치지 말라는 말이 아니라 형제의 눈 속에 있는 티를 빼 주라는 교훈이다. 그렇게 하기 위해서 우리가 먼저 내 눈 속에서 들보를 빼야 한다. 형제의 티를 빼 줄 수 있는 사람은 자기 눈 속의 들보를 빼고 밝히 볼 수 있는 사람이어야만 한다.

누가 외식하는 자인가?

내 눈 속에 들어 있는 들보는 나의 약점이 아니라 하나님의 그 용서를 보지 못하는 것이다. 42절에 이런 사람을 예수님은 다시 '외식하는 자'라고 명명하신다. 그 이유는 하나님의 그 크신 은혜와 용서를 받았으면서도 형제를 용서하지 않고, 비판하고, 정죄하기 때문이고, 그러면서도 마치 하나님의 사랑과 용서를 기억하고 사는 것처럼 살기 때문이다. 외식하는 자는 하나님의 용서를 기억하지 못하고 사는 사람이다.

|청년 자기 체크리스트|

아래의 체크리스트를 가지고 오늘 소그룹 모임에 임한 자신의 태도를 충분히 점검해 보라.

점검 사항		5	4	3	2	1
준비 및 예습	본 과를 준비하면서 충분히 예습은 하였는가?					
	각 과의 분명한 목적은 알고 모임에 임했는가?					
	성령께서 나를 만지시도록 기도로 준비하였는가?					
	소그룹원들을 위해서 중보하였는가?					
	리더를 위해서 중보하였는가?					
	나를 변화시키실 하나님을 기대하는 마음으로 임했는가?					
참여 및 자세	적극적으로 질문과 대답에 참여했는가?					
	정직하게 자신을 보여주었는가?					
	지체들의 이야기에 사랑의 마음으로 공감적 경청을 하였는가?					
	모임 중 성령의 인도하심을 계속적으로 구했는가?					
	하나님께서 원하시는 것이 무엇인지 분명히 알았는가?					
	발견한 진리를 삶과 인격에 적용하기로 결단했는가?					
	이번주에 중보할 지체를 발견했는가?					
적용 및 결단	자신의 적용이 삶과 인격에 변화를 가져올 만큼 구체적인가?					
	배운 내용이 삶의 상황에 분명히 적용되었는가?					
	소그룹 모임에 대한 만족감이 있었는가?					
	배운 내용을 분명하게 정리했는가?					
	이번 과의 주제와 목적을 분명히 알게 되었는가?					
	삶과 인격의 변화를 위해 기도할 준비가 되어 있는가?					
평가	이번주 총점					

"그러므로 내 사랑하는 형제들아 견실하며 흔들리지 말고 항상 주의 일에 더욱 힘쓰는 자들이 되라 이는 너희 수고가 주 안에서 헛되지 않은 줄 앎이라" (고전 15:58)

- 이번주 생일 맞은 사람은?
- 이번주 소그룹 특이 사항은?
- 다음주 행사는?
- 다음주 전도할 대상은?
- 이번 달 암송 구절과 필독서는?

3과
착하고 좋은 삶

누가복음 8장 4~15절

착하다는 말을 들으면 어떤 생각이 떠오르는가?
요즘은 착하다는 말은 별로 칭찬할 것이나 잘하는 것이 없는 사람에게 붙이는 말처럼 들린다.
착하다의 '착'은 '도착할 착(着)'에서 유래했다.
이 말은 원래 어른들이 아이들에게 시킨 일이나 심부름을 잘했을 때 또는 공부를 잘했을 때 사용하는 말이다. 즉 어른들이 생각하는 목표에 '도착(着)'했을 때 착하다는 말을 한다는 것이다.
알다시피 동양적 가치관은 관계 속에서 그 의미를 찾는다.
이런 관계 중심의 사회에서 착한 것은 최고의 덕목이었다.
하지만 개인주의의 서구적 가치가 많이 들어온 지금은
덕목이 아닐 때가 많다.
그래서 착한 가격, 착한 몸매 등의 말이 등장하는 것 같다.
성경은 '착하다'는 것을 어떻게 정의하고 있을까?
오늘 본문에서는 착한 것을 어떻게 말하고 있는지 주목해 보자.

말씀 암송 | 로마서 3장 23절

모든 사람이 죄를 범하였으매 하나님의 영광에 이르지 못하더니

|다가서기|

1. 당신은 스스로를 착하다고 생각하는가? 자신의 착함 점수를 매겨보고 그렇게 점수를 준 이유와 당신이 생각하는 '착함'이란 무엇인지 말해 보라. 그리고 그 발표를 들은 친구들이 그 친구에 대한 착함 점수를 나름대로 매겨서 말해주도록 하라.

자신이 매긴 착함 점수 | 매우 착함 5 4 3 2 1 0 전혀 착하지 않음

친구가 매긴 착함 점수 | 매우 착함 5 4 3 2 1 0 전혀 착하지 않음

인도자 가이드 |

오늘의 주제는 착한 마음이다. 각자가 생각하는 착한 마음은 어떤 것인지 간단한 게임을 통해 알아가 보도록 하는 것이다. 이를 통해 자연스럽게 주제로 들어가도록 하라.

2. 성경에서 말하는 '착함'이란 어떤 것이라고 생각하는가? 착함과 신앙생활의 관계는 어떤 것이라고 생각하는가?

인도자 가이드 |

대부분의 많은 그리스도인 청년들은 착함에 대해 단순히 그리스도인의 특징이라고만 생각하고 그 이상의 의미는 부여하지 않는 것 같다. 다양한 착함의 정의를 나누면서, 성경에서는 이 '착함'이 우리 생각보다 신앙생활의 핵심이 됨을 염두에 두는 것이 필요하다.

|깊이 보기| 누가복음 8장 4~15절

원래 비유라는 뜻의 '파라볼레'는 '옆에 나란히 놓아보다'라는 뜻이다. 성경에서 비유는 예수님의 교훈의 독특한 방식으로 중요한 영적 진리를 유대인들의 일상생활 속에서 쉽게 접할 수 있는 것들과 나란히 놓아서 단순히 설명하신 것이다.

그러므로 비유를 너무 깊게 해석해서는 안 된다. 예수님의 비유의 주요 주제는 거의 대부분이 하나님 나라에 집중되어 있다(막 1:15). 본문의 비유도 10절에 보면 '하나님 나라의 비밀'에 관한 것이다. 씨 뿌리는 자가 씨를 뿌렸는데, 어떤 씨는 길가에 뿌려져서 밟히거나 새들이 먹어버려 결실하지 못했고, 어떤 씨는 바위 위에 떨어져 싹이 나다 금방 말라 버려 결실하지 못했고, 어떤 씨는 가시떨기 속에 떨어져 자라다가 가시 기운에 막혀 결실하지 못했고, 어떤 씨는 좋은 땅에 떨어져 100배의 결실을 거두었다는 내용이다.

3. 4절에 보면 '각 동네 사람들이 모여 큰 무리'가 모인 상황에서 하신 비유다. 하지만 예수님의 비유는 모든 사람이 알게 되는 것이 아니다(10절). 하나님의 비유를 알게 되는 사람들의 특징 두 가지를 찾아보라.

- **첫 번째 특징(9절)** - 하나님의 비유의 뜻을 알고자 함
- **두 번째 특징(15절)** - 착하고 좋은 마음으로 말씀을 듣고 지키고자 함

말씀 살피기 |

각 동네 사람들이 예수께로 나아와 큰 무리를 이루니 예수께서 비유로 말씀하시되(눅 8:4)

이르시되 하나님 나라의 비밀을 아는 것이 너희에게는 허락되었으나 다른 사람에게는 비유로 하나니 이는 그들로 보아도 보지 못하고 들어도 깨닫지 못하게 하려 함이라(눅 8:10)

제자들이 이 비유의 뜻을 물으니(눅 8:9)

좋은 땅에 있다는 것은 착하고 좋은 마음으로 말씀을 듣고 지키어 인내로 결실하는 자니라(눅 8:15)

인도자 가이드 |

4절과 10절을 근거로 하면, 예수님은 수많은 사람들이 모인 자리에서 하나님 나라를 비유로 설명하셨다. 하지만 모든 사람들이 다 이 비유를 깨닫게 된다고 말씀하신 것은 아니다. 예수님의 비유를 깨닫는 자는 9절에 보면 이 비유를 알려고 질문한 자들이었고, 15절에 보면 착하고 좋은 마음으로 말씀을 듣고 지키려고 노력하는 자들이었음을 알 수 있다.

4. 5절과 12절을 보고, '길가에 뿌린 씨'에서의 '씨'와 '씨가 길가에 있다', 그리고 '공중의 새들'은 각각 어떤 의미인지 말해 보라(11절).

말씀 살피기 |

씨를 뿌리는 자가 그 씨를 뿌리러 나가서 뿌릴새 더러는 길가에 떨어지매 밟히며 공중의 새들이 먹어버렸고(눅 8:5)

이 비유는 이러하니라 씨는 하나님의 말씀이요(눅 8:11)

길가에 있다는 것은 말씀을 들은 자니 이에 마귀가 가서 그들이 믿어 구원을 얻지 못하게 하려고 말씀을 그 마음에서 빼앗는 것이요(눅 8:12)

인도자 가이드 |

'씨'는 하나님의 말씀이며(11절), '씨가 길가에 있다'는 말은 '말씀을 가볍게 여기고 그저 듣기만 한 것'을 의미한다(12절). '공중의 새들'은 '마귀'다(12절). 12절에서 '이에 마귀가 가서'라는 말은 '그 후에 마귀가 가서'라는 뜻으로, 마귀는 우리가 말씀을 듣고 열매를 맺는 것을 방해하는 자라는 사실을 알 수 있다. 또한 5절의 '밟히며'라는 말은 '말씀을 가볍게 여겨 아무데나 놔두고, 대수롭지 않게 취급하는 우리의 모습'을 의미한다고 할 수 있다. 그러므로 길가와 같은 마음을 가진 사람은 마귀보다 말씀을 소중하게 여기지 않고 한 귀로 듣고, 한 귀로 흘려버리는 사람을 의미한다.

5. 당신은 하나님의 말씀을 어떻게 취급하는 사람인가? 당신에게 뿌려진 하나님의 말씀을 밟히게 하고, 마귀에게 빼앗겨 버리게 하는 것들은 어떤 것들이 있는지 점검해서 말해 보라.

인도자 가이드 |

스스로 하나님의 말씀을 어떻게 생각하는지 점검하게 한다. 자신이 스스로 밟아 버리는 경우는 없는지 직면하게 하고, 말씀을 가볍게 다룸으로 해서 세상의 유혹이나 다른 것 등에 의해 잃어버리는 경우가 없는지 예를 들어 설명하게 하는 것이 좋다. 신앙생활은 말씀을 뺏느냐 빼앗기지 않느냐의 싸움이다.

6. 6절과 13절을 보고 '바위 위에 떨어진 씨'는 어떤 의미인지 말해 보라. 당신도 '말씀을 들을 때'와 '시련을 당할 때'의 말씀에 대한 태도가 각각 다르지는 않은가? 그 이유는 무엇인가?

말씀 살피기 |

더러는 바위 위에 떨어지매 싹이 났다가 습기가 없으므로 말랐고(눅 8:6)

바위 위에 있다는 것은 말씀을 들을 때에 기쁨으로 받으나 뿌리가 없어 잠깐 믿다가 시련을 당할 때에 배반하는 자요(눅 8:13)

인도자 가이드 |

'바위 위에 떨어진 씨'는 말씀을 들을 때는 기쁨으로 은혜를 받지만, 시련이 닥쳐오면 시험에 드는 마음을 말한다. 그 이유는 뿌리가 없기 때문이다. 여기서 뿌리란 내 인생의 주인 되신 예수님을 의미한다. 은혜를 받지만 시련이 오면 배반하는 이유는 주인 되신 예수님이 아니라 내 감정에 뿌리를 둔 마음으로 말씀을 받았기 때문이다. 신앙생활의 목적은 우리의 감정이 아니다. 오직 예수님께 뿌리를 두어야 풍성한 양분과 습기를 받을 수 있다.

7. 성경에서 말하는 '때'는 '카이로스적' 때와 '크로노스적' 때의 두 가지가 있다. 전자는 특정한 시점을 나타내는 말이고, 후자는 지속적인 때를 의미한다. 은혜를 받을 때와 시련을 당할 때 다른 태도는 '카이로스적 신앙' 때문이다. 우리에게 필요한 것은 '크로노스적 신앙'이다. 당신은 어떤 신앙을 가지고 있는가? 만약 카이로스적 신앙이라면 그 이유는 무엇이라고 생각하는가?

인도자 가이드 |

카이로스가 잘못이라는 말이 아니다. 우리에게는 받은 말씀의 씨를 지속적으로(크로노스적으로) 유지하는 것이 필요하다는 말이다. 성경은 우리가 지속적으로 말씀을 가지고 싹을 내고 결실하지 못하는 이유를 뿌리가 없기 때문이라고 말한다. 우리의 감정이 아니라 좀 더 근본적으로 예수 그리스도를 뿌리로 둔 신앙생활이 말씀을 지속적으로 유지할 수 있게 한다.

8. 7절과 14절을 보고, '가시떨기에 떨어진 씨'의 의미를 말해 보라. 여기서 '가시'는 구체적으로 무엇을 의미한다고 생각하는가?

말씀 살피기 |

더러는 가시떨기 속에 떨어지매 가시가 함께 자라서 기운을 막았고(눅 8:7)

가시떨기에 떨어졌다는 것은 말씀을 들은 자이나 지내는 중 이생의 염려와 재물과 향락에 기운이 막혀 온전히 결실하지 못하는 자요(눅 8:14)

인도자 가이드 |

여기서 '가시'란 '이생의 염려'와 '재물', 그리고 '향락'이다. 이들의 기운에 막혀 결실하지 못했다는 말은 이미 이것들이 그 밭에 자라 있었다는 말이고, 함께 자라며 말씀의 씨가 자라지 못하게 막았다는 말이다. 또한 '지내는 중'이라는 말은 그냥 '시간이 지나서'라는 뜻이 아니라 '나름대로 열심히 목적을 가지고 살았지만'이라는 의미라고 해도 무방하다. 그래서 NIV나 RSV에서는 'go on their way'라고 번역한다.

9. 가시떨기에 뿌려진 씨의 자람을 막은 '이생의 염려'와 '재물', 그리고 '향락'은 구체적으로 무엇이라고 생각하는가? 당신의 삶에 이런 것들은 무엇인지 나누어 보라(14절).

말씀 살피기 |

가시떨기에 떨어졌다는 것은 말씀을 들은 자이나 지내는 중 이생의 염려와 재물과 향락에 기운이 막혀 온전히 결실하지 못하는 자요(눅 8:14)

인도자 가이드 |

'이생의 염려'는 '마음이 이끄는 대로 끌려 다니는 분열된 마음'을 의미하고, '재물'은 '돈이나 재물이 부족함이 없이 넘치는 상태'를 말한다. 그리고 '향락'은 '정도에 벗어난 쾌락과 정욕'을 의미한다. 이것 외에도 우리의 신앙적 목적을 가지고 살아가는 삶을 망가뜨리는 것들이 많이 있을 수 있다. 각자에게 이 가시는 무엇인지 구체적으로 나누는 것이 필요하다. 자신의 삶에서 말씀대로 지켜 사는 것을 방해하는 것이 무엇인지 점검할 수 있도록 도와준다.

10. 8절과 15절을 보고 '좋은 땅에 뿌린 씨'에 대한 의미를 말해 보라. 그리고 좋은 땅이 될 수 있는 조건 및 좋은 땅과 그렇지 않은 땅의 기준이 무엇인지 말해 보라.

말씀 살피기 |

더러는 좋은 땅에 떨어지매 나서 백 배의 결실을 하였느니라 이 말씀을 하시고 외치시되 들을 귀 있는 자는 들을지어다(눅 8:8)

좋은 땅에 있다는 것은 착하고 좋은 마음으로 말씀을 듣고 지키어 인내로 결실하는 자니라(눅 8:15)

인도자 가이드 |

좋은 땅과 그렇지 않은 땅의 기준은 '결실함'에 있다. 결실하는 땅은 좋은 땅이고, 결실하지 못하는 땅은 좋은 땅이 아니다. 결실하게 하는 조건은 '착하고 좋은 마음으로 말씀을 듣고 지키어 인내하는 것'이라고 말한다. 착하고 좋은 마음만 있어서는 안 된다. 그 마음으로 말씀을 지키려 함에는 인내도 필요함을 염두에 두어야 한다.

11. 좋은 땅이 되기 위해서 우리에게 필요한 것이 두 가지가 있다. 다음에 구분 분석해 놓은 것을 보고 그것은 무엇인지 찾아보라. 그리고 그 두 가지는 어떻게 감당할 수 있는지 말해 보라.

좋은 땅에 있다는 것은……

듣고

말씀을

착하고 좋은 마음으로

지키어

결실하느니라

인내로

인도자 가이드 |

좋은 땅이 되기 위해서는 말씀을 듣고, 말씀을 지키는 작업이 필요하다. 말씀을 듣는 것은 착하고 좋은 마음으로 가능하며, 말씀을 지키는 것은 인내로 가능하다. 여기서 '착하다'는 말은 '숭고한 일을 획득하기 위해서 열심을 내는 태도'를 말하고, '좋다'는 말은 이를 위해 '불필요한 것을 포기하고 제거하는 것'을 말한다. '인내'는 '~아래에 머무르면서 버티어 내는 것'을 의미한다. 그러니까 '하나님의 말씀 아래 머무르면서 현실과 싸워나가고 버티어 내는 것'을 말한다.

12. 좋은 땅이 되기 위한 여러 가지 요소들의 의미를 서로 연결해 보라. 그리고 당신에게 이런 것들이 있는지 점검해 보라. 없다면 그 이유는 무엇인가?

좋음 •	• 감성과 지성, 의지를 통틀어 가리키는 말
착함 •	• 굳게 붙들다
마음 •	• ~아래에 머무르면서 버티어 내는 것
지킴 •	• 숭고한 일을 획득하기 위해서 열심을 내는 태도
인내 •	• 불필요한 것을 포기하고 제거하는 것

13. '씨 뿌리는 비유'에서 우리가 놓치지 말아야 하는 또 하나의 핵심은 '씨 뿌리는 자의 마음'이다. 8절 하반절의 말씀을 묵상해 보고 '씨 뿌리는 자의 마음'이 어떠한 것인지 나누어 보라. 당신은 씨 뿌리는 자의 마음이 느껴지는가?(참고. 욜 2:32, 행 2:21, 롬 10:13).

말씀 살피기 |

더러는 좋은 땅에 떨어지매 나서 백 배의 결실을 하였느니라 이 말씀을 하시고 외치시되 들을 귀 있는 자는 들을지어다(눅 8:8)

누구든지 여호와의 이름을 부르는 자는 구원을 얻으리니 이는 나 여호와의 말대로 시온 산과 예루살렘에서 피할 자가 있을 것임이요 남은 자 중에 나 여호와의 부름을 받을 자가 있을 것임이니라(욜 2:32)

누구든지 주의 이름을 부르는 자는 구원을 받으리라 하였느니라(행 2:21)

누구든지 주의 이름을 부르는 자는 구원을 받으리라(롬 10:13)

인도자 가이드 |

'씨 뿌리는 자'는 하나님이시다. 씨 뿌리는 자의 마음을 간과하면 씨 뿌리는 비유의 결론은 '좋은 땅이 되자'가 될 것이다. 하지만 씨 뿌리는 자는 길가와 바위 위, 그리고 가시떨기에도 씨를 뿌리셨다는 사실을 잊지 말아야 한다. 하나님은 우리 모두가 결실하기를 원하신다.

|다짐하기|

14. 씨 뿌리는 자의 마음을 헤아려 좋은 땅이 되기를 어떻게 노력할 수 있는지 이번 일주일 동안 '좋은 땅 되기 프로젝트'를 세워보고 구체적으로 그 방법과 결심들을 나누어 보라.

인도자 가이드 |

좋은 땅이 되기 위해서는 착하고 좋은 마음으로 말씀을 듣고, 인내로 말씀을 지키는 작업이 필요하다. 말씀 듣기와 지키기에 대한 구체적인 계획을 세우도록 도우라(구체적이고 실현 가능해야 한다). 또한 하나님 아버지의 마음을 서로 나누어 자신에게 아버지의 마음이 느껴지도록 진솔하게 나누어 보도록 하라.

|관점 얻기|

비유(파라볼레)의 의미

원래 비유라는 뜻의 '파라볼레'는 '옆에 나란히 놓아보다'라는 뜻이다. 성경에서 예수님께서 사용하신 비유는 중요한 영적 진리를 당시 유대인들의 일상생활 속에서 쉽게 접할 수 있는 것들과 나란히 놓아서 단순히 설명하신 것이다. 그러므로 비유를 너무 깊게 해석해서는 안 된다. 예수님의 비유의 주요 주제는 거의 대부분이 하나님 나라에 집중되어 있다(막 1:15).

하나님 나라의 비밀을 알게 되는 자들

이 비유는 '각 동네(꽤 큰 도시들) 사람들이 몰려와 큰 무리를 이루었을 때' 하신 비유다(4절). 하지만 그들 모두가 하나님의 말씀을 깨닫게 되는 것이 아니라 특정한 사람들만이 하나님 나라의 비밀을 깨닫게 된다(10절).

이 사람들의 특징은 첫째, '하나님의 뜻을 찾는 자들'(9절)이다. 둘째는 '착하고 좋은 마음으로 말씀을 듣고 지키어 인내로 결실하는 자들'(15절)이다. 예수님께서 하나님 나라의 비밀을 아는 것을 허락하신 '착하고 좋은 마음'이란 과연 어떤 마음인지 비유를 통해 살펴보아야 한다.

여기서 '씨'는 '하나님의 말씀'(11절)이다. 씨의 목적은 싹이 나거나 자라는 것이 아니라 결실하는 것이다. 이 비유의 핵심은 결실의 변수가 씨에 있지 않고, 어디에 뿌려졌는가, 다시 말하면 우리의 마음 밭이 어떤가에 달려 있다는 것이다.

길가의 마음

여기서 "이에 마귀가 가서"라는 말은 '그 후에 마귀가 가서'라는 뜻으로 마귀는 우리가 말씀을 듣는 것을 방해하는 일을 한다는 말이다. 5절에서는 "길가에 떨어지매 밟히며 공중의 새들이 먹어 버렸고"라고 묘사한다. '밟히다', '새들이 먹어 버리다'라는 두 동사는 공히 '위에서 아래로'의 의미를 담고 있다. 그래서 무참히 밟히며 냉혹하게 먹혀 버린다는 의미가 내포되어 있다. 우리는 들은 말씀을 등한시 여기고 마귀는 들은 말씀을 심각히 여겨 빼앗아 버리는 것이다. 이런 마귀와 우리의 상호 동역이 결실하지 못하게 하는 것이다. 어쩌면 우리는 마귀보다도 말씀을 하찮게 여기는지도 모른다.

바위 위의 마음

여기서 '바위 위'는 정확하게 말하면 '바위 위에 있는 조금의 흙'을 말한다. 그래서 싹은 나지만 이내 습기가 부족해서 말라 버리는 곳이다. 13절에서 '때'라는 말이 두 번 나오는데, '말씀을 들을 때'와 '시련을 당할 때'다. 헬라어의 일반적인 사용에 있어서 '때'를 나타내는 단어는 특정한 시점을 나타내는 '카이로스'와 지속되는 시간을 나타내는 '크로노스'라는 단어이다. 오늘 본문에서 쓰인 '때'는 바로 카이로스적 때, 다시 말하면 카이로스적 믿음을 의미한다. 은혜를 받을 때는 기뻐하면서 말씀을 받지만, 시련이 닥쳐오면 좌절하고 변해 버리는 믿음을 말하는 것이다. 반면에 크로노스적 믿음은 시련이 와도 지속적으로 변하지 않는 믿음을 말한다.

가시떨기 마음

여기서 '지내는 중'이라는 말은 KJV에서는 'go forth'라고, NIV나 RSV에서는 'go on their way'라고 번역한다. 즉 나름대로 열심히 받은 말씀대로 살려고 몸부림치고 목적을 가지고 앞으로 나아가려 했다는 뜻이다. 하지만 결실하지 못했다. 그 이유는 첫째, '마음이 이끄는 대로 끌려 다니는 분열된 마음'을 일컫는 '이생의 염려' 때문이고, 둘째는 '돈이나 재물이 부족함이 없이 넘치는 상태'를 말하는 '재물'때문이며, 셋째는 '향락', 즉 '정도에 벗어난 쾌락과 정욕' 때문이다. 7절의 '기운을 막다(아포프니고)'라는 말은 '멱살을 잡고 기어이 질식하게 만들다'는 의미가 있다. 이런 것들이 씨보다 먼저 자라 있었다는 말이다. 아예 숨도 못 쉴 정도로 하나님의 말씀을 틀어잡고 자라지 못하게 한다는 것이다.

좋은 땅

좋은 땅은 '어떤 마음으로 말씀을 들어야 하는가?'를 설명하는 말이다. 좋은 땅은 결실하는 땅이다. 결실하기 위해서 두 가지가 필요한데, 첫째는 듣는 것이고, 둘째는 지키는 것이다. 듣는 것은 '착하고 좋은 마음으로' 가능하고, 지키는 것은 '인내'를 통해서 가능하다. '착하다'는 말은 '숭고한 일을 획득하기 위해서 열심을 내는 태도'를 말하고, '좋다'는 것은 '그것을 위해 불필요한 것들을 과감하게 제거하는 것'을 말한다. '마음(카르디아)'는 '감성과 지성, 의지를 통틀어 가리키는 말'이다. '지키다'는 말은 '굳게 붙들다'는 의미고, '인내'는 '~아래에 머무르면서 버티어내는 것'을 의미한다.

씨 뿌리는 자의 마음

씨 뿌리는 자의 비유는 하나님 나라에 들어오려면 이러 이러해야 한다고 자격 조건이 필요하다는 것만 말씀하시는 것이 아니다. 씨 뿌리는 자의 비유에서 우리가 하나님의 마음을 읽어내지 못하면 우리의 결론은 '좋은 땅만 결실한다'가 된다. 하나님은 모든 사람이 다 좋은 땅이 되기를 원하신다. 하나님은 말씀을 등한히 여기는 길가와 같은 마음도, 금방 낙심하고 시험이 찾아오면 포기해 버리는 바위와 같은 마음도, 이미 마음에 하나님 외에 다른 것으로 가득 차 있는 가시떨기와 같은 마음에도 씨를 뿌리신다. 하나님은 우리 모두가 하나님 나라에 들어올 수 있기를 바라시는 것이다.

|청년 자기 체크리스트|

아래의 체크 리스트를 가지고 오늘 소그룹 모임에 임한 자신의 태도를 충분히 점검해 보라.

	점검 사항	5	4	3	2	1
준비 및 예습	본 과를 준비하면서 충분히 예습은 하였는가?					
	각 과의 분명한 목적은 알고 모임에 임했는가?					
	성령께서 나를 만지시도록 기도로 준비하였는가?					
	소그룹원들을 위해서 중보하였는가?					
	리더를 위해서 중보하였는가?					
	나를 변화시키실 하나님을 기대하는 마음으로 임했는가?					
참여 및 자세	적극적으로 질문과 대답에 참여했는가?					
	정직하게 자신을 보여주었는가?					
	지체들의 이야기에 사랑의 마음으로 공감적 경청을 하였는가?					
	모임 중 성령의 인도하심을 계속적으로 구했는가?					
	하나님께서 원하시는 것이 무엇인지 분명히 알았는가?					
	발견한 진리를 삶과 인격에 적용하기로 결단했는가?					
	이번주에 중보할 지체를 발견했는가?					
적용 및 결단	자신의 적용이 삶과 인격에 변화를 가져올 만큼 구체적인가?					
	배운 내용이 삶의 상황에 분명히 적용되었는가?					
	소그룹 모임에 대한 만족감이 있었는가?					
	배운 내용을 분명하게 정리했는가?					
	이번 과의 주제와 목적을 분명히 알게 되었는가?					
	삶과 인격의 변화를 위해 기도할 준비가 되어 있는가?					
평가	이번주 총점					

"그러므로 내 사랑하는 형제들아 견실하며 흔들리지 말고 항상 주의 일에 더욱 힘쓰는 자들이 되라 이는 너희 수고가 주 안에서 헛되지 않은 줄 앎이라" (고전 15:58)

- 이번주 생일 맞은 사람은?
- 이번주 소그룹 특이 사항은?
- 다음주 행사는?
- 다음주 전도할 대상은?
- 이번 달 암송 구절과 필독서는?

4과
사랑하는 삶

누가복음 10장 25~37절

구약의 모든 말씀을 한 마디로 정리할 수 있을까?
주님은 그것을 '하나님을 사랑하고 네 이웃을 사랑하라'는 말로 정리하셨다.
당신은 하나님을 사랑하는 것과 이웃을 사랑하는 것 중 어느 것이 더 쉽다고 생각하는가?
사실 이 둘은 따로 떼어서는 설명할 수 없는 계명이다.
오늘 본문에서 주님은 마치 이렇게 살면 구원을 얻을 것처럼 말씀하시지만, 사실 이런 삶은 구원의 조건이 아니다.
오히려 구원받은 자의 삶의 방식이라고 해야 맞다.
과연 오늘 본문에서 주님은 율법교사와 무슨 일이 있었기에 이렇게 말씀하신 것일까?
우리는 종종 아는 만큼 산다고 생각한다.
하지만 우리는 익숙한 대로 살지 아는 대로 사는 사람들이 아니다. 알고는 있지만 그대로 살지 못할 때가 많다.
그런 우리에게 주님은 선한 사마리아인의 비유를 말씀하신다.

말씀 암송 | 요한복음 14장 21절

나의 계명을 지키는 자라야 나를 사랑하는 자니 나를 사랑하는 자는 내 아버지께 사랑을 받을 것이요 나도 그를 사랑하여 그에게 나를 나타내리라

|다가서기|

1. 좋은 이웃 되기 놀이를 해 보라. 그룹에서 한 사람씩 정한 다음 그 사람에게 모든 소그룹원들이 어떻게 사랑하겠다고 말하게 한다. 그 이야기를 듣고 주인공은 각 사람에게 점수를 매겨 말해주는 게임이다. 이 게임을 하면서 어떻게 사랑받고 싶은지를 자연스럽게 나누어보라.

인도자 가이드 |

이 게임은 즐거움 속에서 자신이 사랑받고 싶은 욕구를 재연해 보는 것이다. 사람들은 자신이 받고 싶은 사랑을 말하면서 가장 높은 점수를 얻기를 힘쓰고, 상대는 상대가 받기를 원하는 방식대로 점수를 매김으로 서로의 차이점도 발견할 수 있게 된다. 화기애애한 분위기 속에서 어느새 소그룹은 사랑하기라는 주제로 모아지게 될 것이다.

2. 당신은 하나님을 사랑하는가? 하나님을 사랑하는 방법은 어떤 것이 있는지 각자의 생각을 말해 보자.

인도자 가이드 |

하나님을 사랑하는 방법은 다양하다. 말씀을 묵상하고, 기도하고, 예배를 드리는 것으로부터 정직하고 착하게 살고, 선을 베푸는 삶도 그 방법 중에 하나일 것이다. 하지만 우리의 이웃을 사랑하는 것이 진정으로 하나님을 사랑하는 방식이라는 것을 충분히 인식하는 그리스도인은 잘 없다. 하나님은 하나님을 상징하는 다른 형상(우상)을 만들기를 원하지 않으셨다. 이미 만들어 놓으신 하나님의 형상(이웃)을 사랑하기를 원하신다.

|깊이 보기| 누가복음 10장 25~37절

'무엇을 하여야 영생을 상속받을 수 있는지'를 질문한 율법 교사에게 주님은 '율법에 무엇(what)이라고 되어 있는지, 그리고 너는 어떻게(how) 그것을 이해하는지' 물으신다. 그는 "대답하여 이르되 네 마음을 다하며 목숨을 다하며 힘을 다하며 뜻을 다하여 너의 하나님을 사랑하고 또한 네 이웃을 네 자신같이 사랑하라고 하였나이다(27절)"라고 답했고, 주님은 "네 대답이 옳도다 이를 행하라 그러면 살리라"말씀하신다. 이 말은 '알고 있구나. 그런데 왜 너는 그렇게 행하지 않니?'라는 말씀이다. 그때 그 율법교사는 자신을 옳게 보이려고 "내 이웃이 누구니이까?" 라고 다시 질문하자 주님은 '자비를 베푼 사마리아인의 비유'를 말씀하신다. 탈버트(C.H. Talbert)는 자비를 베푼 사마리아인의 비유가 이웃 사랑에 대한 교훈으로, 연이어 나오는 마리아와 마르다 이야기가 하나님 사랑에 대한 교훈으로 말씀하셨다고 말한다.

3. 30~35절까지를 읽고 자비를 베푼 사마리아인의 비유를 자신의 말로 정리해서 말해 보라.

말씀 살피기 |

예수께서 대답하여 이르시되 어떤 사람이 예루살렘에서 여리고로 내려가다가 강도를 만나매 강도들이 그 옷을 벗기고 때려 거의 죽은 것을 버리고 갔더라(눅 10:30)

마침 한 제사장이 그 길로 내려가다가 그를 보고 피하여 지나가고(눅 10:31)

또 이와 같이 한 레위인도 그 곳에 이르러 그를 보고 피하여 지나가되(눅 10:32)

어떤 사마리아 사람은 여행하는 중 거기 이르러 그를 보고 불쌍히 여겨(눅 10:33)

가까이 가서 기름과 포도주를 그 상처에 붓고 싸매고 자기 짐승에 태워 주막으로 데리고 가서 돌보아 주니라(눅 10:34)

그 이튿날 그가 주막 주인에게 데나리온 둘을 내어 주며 이르되 이 사람을 돌보아 주라 비용이 더 들면 내가 돌아올 때에 갚으리라 하였으니(눅 10:35)

인도자 가이드 |

이야기에 등장하는 어떤 사람에게 강도들, 한 제사장, 한 레위인, 그리고 어떤 사마리아 사람이 어떻게 행동했는지를 분명히 인식하게 한다. 이들 중에 누가 강도만난 자의 이웃인지를 살피는 관점에서 모두를 살펴보라.

4. 예루살렘에서 여리고로 내려가는 어떤 사람에게 강도들은 어떤 짓을 했고, 그렇게 한 이유는 무엇이라고 생각하는가?(30절)

말씀 살피기 |

예수께서 대답하여 이르시되 어떤 사람이 예루살렘에서 여리고로 내려가다가 강도를 만나매 강도들이 그 옷을 벗기고 때려 거의 죽은 것을 버리고 갔더라(눅 10:30)

인도자 가이드 |

이 강도들도 아마 이웃인 유대인들이었을 것이다. 강도들은 유대인 이웃인 그의 옷을 벗기고 때려서 거의 죽게 내버려두고 떠났다. '거의 죽게'라는 말은 'half dead'로 죽는 것은 시간문제라는 말이다. 이웃을 사랑해야 하는 그들이 그를 이렇게 한 이유는 이웃인 그를 자신들의 필요를 위한 수단 내지는 도구로 생각했기 때문일 것이다.

5. 다음으로 등장한 제사장과 레위인은 어떻게 했는가? 그들이 그렇게 한 이유는 무엇이라고 생각하는가?(31,32절, 민19:16)

말씀 살피기 |

마침 한 제사장이 그 길로 내려가다가 그를 보고 피하여 지나가고(눅 10:31)

또 이와 같이 한 레위인도 그 곳에 이르러 그를 보고 피하여 지나가되(눅 10:32)

누구든지 들에서 칼에 죽은 자나 시체나 사람의 뼈나 무덤을 만졌으면 이레 동안 부정하리니(민 19:16)

인도자 가이드 |

당시 여리고는 제사장과 레위인들이 많이 살았던 도시라고 한다. 이들은 어쩌면 순번을 따라 예루살렘에서 하나님을 예배하고 돌아가는 길이었는지 모른다. 이들은 남에게 이웃 사랑을 가르쳤던 선생들이었다. 강도만난 자의 입장에서는 진정한 이웃이 그에게로 걸어오고 있는 것이다. 하지만 그들은 피하여 갔다. 이 말은 반대편으로 돌아가 버렸다는 뜻이다. 그 이유는 자신도 강도를 만날까 무서웠기 때문일 수도 있고, 시체와 같은 사람에게 가까이 하는 것이 율법에 정한 부정케 되는 죄이기 때문일 수도 있다. 강도 만난 자를 사랑해야 할 이웃으로 보지 않은 것이다.

6. 당신은 하나님을 예배함으로 사랑하였노라고 말하면서 정작 도움이 필요한 이웃을 지나친 적은 없는가? 세상 사람들이 어려움을 겪으면 "죄가 커서 그래"라고 말하면서 정작 그들도 사랑받아야 할

이웃이라고 생각하지 못하고 있지 않은가? 그 이유는 무엇인가?

인도자 가이드 |

우리는 그냥 지나쳐 버린 제사장과 레위인을 정죄하고 있지는 않은지 점검해야 한다. 종교적인 열심이 사랑을 대체할 수는 없기 때문이다. 하나님 사랑과 이웃 사랑은 불가분의 관계다. 이웃을 사랑하지 않으면서 하나님을 사랑한다고 말할 수 없다. 진지하게 자신을 돌아볼 수 있는 기회를 주어, '하나님 사랑과 이웃 사랑'이라고 하는 계명이 실제로 우리에게 도전적으로 다가오게 하라.

7. 유대인들에게 사마리아인은 이웃이 아니라 원수와 같은 존재이다. 하지만 사마리아인은 강도 만난 그를 사랑받아야 할 이웃으로 보고 있다. 33~35절까지를 꼼꼼히 읽고 사마리아인이 강도 만난 사람에게 어떻게 하였는지를 빠짐없이 정리해 보라.

말씀 살피기 |

어떤 사마리아 사람은 여행하는 중 거기 이르러 그를 보고 불쌍히 여겨(눅 10:33)

가까이 가서 기름과 포도주를 그 상처에 붓고 싸매고 자기 짐승에 태워 주막으로 데리고 가서 돌보아 주니라(눅 10:34)

그 이튿날 그가 주막 주인에게 데나리온 둘을 내어 주며 이르되 이 사람을 돌보아 주라 비용이 더 들면 내가 돌아올 때에 갚으리라 하였으니(눅 10:35)

- 불쌍히 여겨 | 행동뿐 아니라 마음으로 긍휼히 여기는 마음을 주었다.
- 기름 | 상처 통증을 완화시키고 덧나지 않게 하는 역할을 한다.
- 포도주 | 상처를 살균하고 치료하는 역할을 한다.
- 자기 짐승 | 자신을 걸었다는 말이다. 희생을 주었다.
- 그 이튿날 | 어떤 사본에는 '새벽 일찍'이라고 기록되어 있다. 이 말은 그가 밤새도록 그를 돌보았다는 말이며, 동시에 그도 그의 일로 바쁜 사람이었음을 암시한다. 시간을 주었다.
- 데나리온 둘 | 굉장히 많은 돈으로 역사가 폴리비우스(Polybius)는 동시대 이탈리아의 하루 숙박비는 로마 제국 화폐로 1/32데나리온이었다고 한다(2개월 숙박비). 신약학자 예레미아스(J. Jeremias)는 당대의 숙박비가 1/12데나리온이었다고 본다(보름 이상의 숙박비). 물질도 주었다.

8. 율법교사의 질문은 '누가 우리의 이웃입니까?'라고 하는 것이었다(29절). 하지만 예수님의 대답은 '네가 이웃이 되어 주라'이다(37절). 이 말은 '사랑은 이웃에게 주는 도구가 아니라 이웃된 자의 특징'이라는 말이다. 다음의 말들을 이해하여 자신의 말로 설명해 보라(36,37절).

□ 이웃의 개념에서 사랑의 실천이 나오는 것이 아니라 사랑의 실천에서 이웃의 개념이 나온다.

□ 이웃은 토론의 문제가 아니라 실천의 문제다.

□ 이웃을 결정하는 것은 내(I)가 아니라 바로 그(He)이다.

□ 우리 중 아무도 이웃이 누구인지 정의할 수 없다. 다만 이웃이 될 수 있을 뿐이다(H. Greeven).

말씀 살피기 |

네 생각에는 이 세 사람 중에 누가 강도 만난 자의 이웃이 되겠느냐(눅 10:36)

이르되 자비를 베푼 자니이다 예수께서 이르시되 가서 너도 이와 같이 하라 하시니라(눅 10:37)

인도자 가이드 |

예수님의 교훈은 '이런 사람이 이웃이니까 이런 사람을 사랑해 주어라'가 아니라 우리가 바로 좋은 이웃이 되어주어야 한다는 말씀이다. 사마리아 사람은 결코 유대인의 이웃이 될 수 없었다. 하지만 그가 자비를 베풂으로 이웃이 되어준 것처럼 이웃의 기준을 정하지 말고, 내가 먼저 사랑과 자비를 베풂으로 이웃이 되어야 하는 것이다. 이것이 바로 하나님을 사랑하는 방법이다.

9. '누구는 나와 코드가 맞아', '저 사람은 전혀 나랑 안 맞아'라고 말하는 것은 유대인식 사랑의 방식이다. 하지만 주님은 우리에게 먼저 이웃이 되어 주라고 말씀하신다. 당신의 이웃 사랑은 어떤 식인가? 자신의 이웃 사랑을 면밀히 반성해 보면서, 예수님의 말씀을 받아들이는 시간을 가지라.

인도자 가이드 |

우리는 보통 우리와 맞지 않는 사람들과는 친구하려 하지 않는다. 힘들고 어렵기 때문이고, 때로는 상처를 받기 때문이다. 그것이 바로 유대인의 사고방식이고, 사랑의 방식이다. 우리는 누가 나의 이웃인지를 판단할 자격이 없다. 다만 그들의 좋은 이웃이 되어줄 뿐이다. 자신의 이웃 사랑을 돌아볼 수 있는 시간을 주고, 이제는 정말 좋은 이웃이 되기 위해 결단하도록 도우라.

10. 27절에서 말하는 '네 마음을 다하며 목숨을 다하며 힘을 다하며 뜻을 다하여 주 너의 하나님을 사랑하고 또한 네 이웃을 네 자신같이 사랑하라'는 계명에서 동사는 하나뿐이다. 이 말이 어떤 의미일지 생각해 보고 어떻게 이 계명을 지킬 수 있을지 말해 보라.

말씀 살피기 |

대답하여 이르되 네 마음을 다하며 목숨을 다하며 힘을 다하며 뜻을 다하여 주 너의 하나님을 사랑하고 또한 네 이웃을 네 자신 같이 사랑하라 하였나이다(눅 10:27)

인도자 가이드 |

동사가 하나뿐이라는 말은 두 계명이 아니라 하나의 계명이라는 말이다. 즉 하나님을 사랑하는 방법은 이웃을 사랑하는 것이고, 이웃을 사랑하는 것이 곧 하나님을 사랑하는 것이란 뜻이다.

그러므로 제사장과 레위인같이 하나님을 사랑하노라 하면서 이웃을 내 몸과 같이 사랑하지 않는 것은 위선이다. 하나님을 사랑하는 계명과 이웃을 사랑하는 계명은 다른 계명이 아니라 하나의 계명이며, 서로가 서로의 계명에 방법이 되는 것이다.

|다짐하기|

11. 지금까지 당신이 사랑하지 못한 이유를 생각해 보라. 그리고 이제부터 먼저 좋은 이웃이 되어주기 위해 당신이 할 수 있는 방법은 어떤 것이 있는지 구체적으로 나누어보라. 그것이 곧 하나님을 사랑하는 방법이다.

인도자 가이드 |

하나님을 사랑하는 것은 이웃을 내 몸과 같이 사랑할 때 가능하다. 이웃을 규명하며 살았던 내 삶을 반성하고 이제는 이웃의 있는 모습 그대로를 받아들여주며 그들에게 어떻게 자비를 베풀 것인가를 구체적으로 생각하게 하면 된다. 고민하는 친구와 커피를 마셔주고 시간을 보내주는 일, 예배에 빠진 친구에게 전화 한 통 해주는 일, 카톡으로 안부를 물어봐 주고 기도해주는 일 등이 좋은 이웃이 되는 방법일 것이다. 그 외에도 구체적인 것들을 나누고, 일주일 동안 실천하도록 도우라.

이웃을 구분하는 삶

당시 유대인들의 이웃은 정해져 있었다. 원을 그려 그 중심에 자신이 있고 중심으로부터 가장 자리로 가면서 직계가족, 친척, 그리고 맨 가장 자리에는 유대인 후예들과 유대교 개종자들이 있을 뿐이었다. 그들은 세리와 창기를 정신적 비유대인으로 분류하였고, 이방인은 말할 것도 없었다. 그 율법교사는 이웃만 사랑하려고 했다. 하지만 실상 그의 생각은 이웃을 어떻게 사랑하는지 모르는 것이었다. 우리는 항상 이 율법교사처럼 이웃을 구분한다. 우리가 이렇게 이웃을 구분하는 삶을 사는 한, 율법 교사의 질문은 바로 우리의 질문일 수 밖에 없다.

강도와 제사장과 레위인

아마 강도들도 유대인이었을 것이다. 사랑해야 할 이웃이 사랑해야 할 또 다른 이웃을 때리고 거의 죽게 만들었다. 이 나그네는 그들의 목적을 위한 하나의 도구에 불과했다. 강도짓이란 사람을 사랑해야 할 이웃으로 보지 않고 도구로 보는 것이다. 만약 내 주위에 사람들 역시 나의 목적을 이루기 위한 수단으로 생각한다면 나 역시 그들을 향해 강도의 얼굴을 하고 있는 것이다.

기록에 따르면, 당시 여리고에는 제사장과 레위인들이 많이 거주했다고 한다. 그들은 신앙이 좋은 사람들이다. 예배를 드리고, 사람들을 돕는 사람들이며, 나아가서 하나님을 사랑하고 이웃을 사랑하는 방법을 가르치는 사람들이었다. 진정한 이웃이다. 하지만 지나쳐 갔다. 그 이유는 강도를 만날까 하는 인간적인 두려움 때문이었을 수도 있고, 거반 죽게 되었으니 정말 죽은 줄로 알고 '율법에 시체를 가까이 해서 부정하게 되지 말라'고 하신 율법을 지키기 위해서 그랬을 수도 있다. 만약 후자라면 그들은 율법을 지킴으로 하나님을 사랑했다고 생각할지 모르지만 나그네를 사랑받아야 할 이웃으로 보지 못한 것이다. 모양만 다를 뿐 강도나 종교인들이나 이웃을 사랑하지 않은 것은 매한가지다.

사마리아인

이런 상황에서 등장한 사마리아인은 선한 이웃으로 자비를 베푼다. '불쌍히 여겨'라는 말은 그를 향해 긍휼의 마음이 쏟아졌다는 뜻이다. 마음까지도 그를 사랑하는데 집중했다. '기름'은 상처 통증을 완화시키고 덧나지 않게 하는 역할을 하고 '포도주'는 상처를 살균하고 치료하는 역할을 한다. 자기 짐승에 태워 주막, 곧 여관으로 데리고 갔다. 그리고 돌보아 주었다. 35절 "이튿날에"라는 단어는 어떤 사본에 '새벽 일찍'이라고 기록되어 있다. 이 말은 그가 밤새도록 그를 돌보았다는 말이며, 동시에 그도 그의 일로 바쁜 사람이었음을 암시한다. "데나리온 둘"은 굉장히 많은 돈이다. 역사가 폴리비우스(Polybius)에 의하면 동시대 이탈리아의 하루 숙박비는 로마 제국 화폐로 1/32데나리온이었다고 한다(2개월 숙박비). 또한 신약학자 예레미아스(J. Jeremias)는 당대의 숙박비가 1/12데나리온이었다고 한다(보름 이상의 숙박비). "비용이 더 들면 내가...갚으리라"라고 하면서 끝까지 사랑한다. 그는 '시간'뿐만 아니라 '물질'도 희생했고, 행동뿐만 아니라 마음으로도 구체적이고 실제적으로 그를 사랑한 것이다.

사랑의 실천에서 이웃의 개념이 나온다.

율법교사의 질문에 주님은 "가서 너도 이와 같이 하라"라고 말씀하신다. 그러므로 이 비유의 교훈은 이웃의 개념이 토론의 문제가 아니라 '실천'의 문제라는 것이다. 이웃의 개념에서 사랑의 실천이 나오는 것이 아니라 사랑의 실천에서 이웃의 개념이 나온다. 이웃을 결정하는 주체는 내(I)가 아니라 바로 그(He)가 되어야 한다. 이웃은 규정하는 것이 아니라 되어 주는 것이다. 이것이 마음과 목숨과 힘과 뜻을 다해 하나님을 사랑하는 방법이다. '하나님을 사랑하고 이웃을 사랑하라' 하신 이 두 계명의 동사는 하나뿐이다. 하나님을 마음과 목숨과 힘과 뜻을 다하여 사랑하는 방법이 바로 '이웃을 내 몸과 같이 사랑하는 것'이라는 말이다.

|청년 자기 체크리스트|

아래의 체크리스트를 가지고 오늘 소그룹 모임에 임한 자신의 태도를 충분히 점검해 보라.

	점검 사항	5	4	3	2	1
준비 및 예습	본 과를 준비하면서 충분히 예습은 하였는가?					
	각 과의 분명한 목적은 알고 모임에 임했는가?					
	성령께서 나를 만지시도록 기도로 준비하였는가?					
	소그룹원들을 위해서 중보하였는가?					
	리더를 위해서 중보하였는가?					
	나를 변화시키실 하나님을 기대하는 마음으로 임했는가?					
참여 및 자세	적극적으로 질문과 대답에 참여했는가?					
	정직하게 자신을 보여주었는가?					
	지체들의 이야기에 사랑의 마음으로 공감적 경청을 하였는가?					
	모임 중 성령의 인도하심을 계속적으로 구했는가?					
	하나님께서 원하시는 것이 무엇인지 분명히 알았는가?					
	발견한 진리를 삶과 인격에 적용하기로 결단했는가?					
	이번주에 중보할 지체를 발견했는가?					
적용 및 결단	자신의 적용이 삶과 인격에 변화를 가져올 만큼 구체적인가?					
	배운 내용이 삶의 상황에 분명히 적용되었는가?					
	소그룹 모임에 대한 만족감이 있었는가?					
	배운 내용을 분명하게 정리했는가?					
	이번 과의 주제와 목적을 분명히 알게 되었는가?					
	삶과 인격의 변화를 위해 기도할 준비가 되어 있는가?					
평가	이번주 총점					

"그러므로 내 사랑하는 형제들아 견실하며 흔들리지 말고 항상 주의 일에 더욱 힘쓰는 자들이 되라 이는 너희 수고가 주 안에서 헛되지 않은 줄 앎이라" (고전 15:58)

- 이번주 생일 맞은 사람은?
- 이번주 소그룹 특이 사항은?
- 다음주 행사는?
- 다음주 전도할 대상은?
- 이번 달 암송 구절과 필독서는?

5과
하나님께 부요한 삶

누가복음 12장 13~21절

돈이 많으면 참 좋을 것 같다.
하고 싶은 것도 하고, 사고 싶은 것도 사고, 착한 일도 하면서 평안하게 살 수 있을 것 같다.
세상 모든 사람들의 생각이 아마 비슷하리라 생각한다.
돈은 우리에게 없어서는 안 될 것이다. 돈이 있어야 먹을 수 있고, 학교도 갈 수 있고, 옷을 입을 수도 있기 때문이다.
그래서 우리는 할 수만 있다면 더 많이 가지려고 한다.
돈은 나쁜 것일까?
사실 돈은 좋은 것도, 나쁜 것도 아닌 가치중립적인 것이다.
주님은 더 많이 가지려고 하는 이 마음을 경계해야 할 탐심이라고 말씀하신다.
도대체 어느 정도 가지는 것이 탐심이며, 탐심이 아닌 가짐이란 무엇일까?
오늘 본문을 통해서 진정한 탐심이 무엇이며, 동시에 하나님께 부요한 삶은 어떤 것인지 살펴보자.

말씀 암송 | 로마서 6장 23절

죄의 삯은 사망이요 하나님의 은사는 그리스도 예수 우리 주 안에 있는 영생이니라

|다가서기|

1. 당신은 어느 정도 돈이 있어야 부자라고 생각하는가? 그렇게 생각하는 이유는 무엇이며, 부자이고 싶은 이유는 무엇인지 나누어 보자.

인도자 가이드 |

각자가 생각하는 부자란 얼마만큼의 돈을 가진 사람인지 나누어 보자. 보통 사회에서 말하는 보편적인 부자의 기준은 10억을 가져야 한다고 한다(물론 시대마다 조금씩 차이가 나지만). 우리가 부자이고 싶은 이유는 편안한 삶과 안락하고 행복한 인생을 위해서일 것이다. 하지만 돈이 행복의 기준이 못 된다는 사실은 상식이다. 속에 있는 진솔한 이야기들을 이끌어내 보라.

2. 성경은 '부자'에 대해서 긍정적이라고 생각하는가, 부정적이라고 생각하는가? 그리스도인은 '청부론(淸富論)'이 맞는가, 아니면 '청빈론(淸貧論)'이 맞는가?

인도자 가이드 |

청부론과 청빈론의 논쟁은 그리스도인이 말씀대로 살면 부자가 될 수 있다고 하는 것과 그리스도인은 결코 부자가 될 수 없으며 깨끗한 청빈론자가 되어야 한다는 논지다. 사실 성경은 부자에 대해서 부정적이지 않다. 다만 청지기론의 관점에서 하나님께서 맡기신 것을 하나님과 이웃을 위해서 사용하는 것이 중요한 관점이다. 각자의 물질관을 들어보고 토론하는 시간을 가지라.

|깊이 보기| 누가복음 12장 13~21절

누가복음 12장의 배경은 바리새인과 율법 교사들에 대한 신랄한 교훈으로 엄청난 사람들이 몰려들어 예수를 치려하는 상황이다. 군중 속에서 예수님은 인간의 본질적이고 근본적이며 영적인 문제들을 다루고 있다. 이때 무리 중에 한 사람이 등장하여 자기 형이 물려받은 유산을 다 소유했는데, 자기에게 좀 나누어 줄 수 있게 해 달라고 예수님께 부탁한다. 당시 랍비들의 업무 중 하나는 분쟁을 중재해 주는 것이었다. 그러니 예수님께도 이런 부탁을 한 것이다. 이 말에 주님은 부자가 되려고 하는 그 끝없는 욕망, 즉 '탐심'을 버리라고 하시면서 어리석은 부자의 비유를 들고 있다.

비유의 내용은 어떤 부자가 곡식 쌓아둘 곳이 없을 정도로 그 밭의 소출이 풍성했다. 그래서 곳간을 헐고 더 크게 짓고 여생을 평안히 쉬고 즐기자고 생각을 한다. 그러자 하나님께서 그를 어리석은 자라고 하시면서 하나님께 부요한 자가 되라고 말씀하신 내용이다.

3. 예수님이 비유에서 말씀하신 부자는 우리가 보기에는 그렇게 어리석지 않다(16,17절). 하지만 예수님은 이 부자가 어리석다고 말씀하시는데, 여기에는 몇 가지 이유가 있다. 그 첫 번째 이유가 무엇이라 생각하는가?(18절) 당신에게는 이런 어리석음이 없는지 나누어 보라.

말씀 살피기 |

또 비유로 그들에게 말하여 이르시되 한 부자가 그 밭에 소출이 풍성하매(눅 12:16)

심중에 생각하여 이르되 내가 곡식 쌓아 둘 곳이 없으니 어찌할까 하고(눅 12:17)

또 이르되 내가 이렇게 하리라 내 곳간을 헐고 더 크게 짓고 내 모든 곡식과 물건을 거기 쌓아 두리라(눅 12:18)

인도자 가이드 |

이 부자는 성실하게 자신의 농사를 지었고 풍성한 결실을 보았다. 뿐만 아니라 곡식 쌓을 곳이 없자 새로운 곳간을 지으려고 할 정도로 성실하며 미래 지향적이다. 그러나 이 부자가 어리석은 이유는 18절이다. 18절의 특징은 '나'라는 말이 반복적으로 등장한다. 즉 소출을 많이 모은 것이 문제가 아니라 그 소유를 자신의 것이라고 인식한다는 것이 문제다.

4. 두 번째로 부자가 어리석은 이유는 무엇인가?(19절) 당신에게는 이런 어리석음이 없는지 나누어 보라.

말씀 살피기 |

또 내가 내 영혼에게 이르되 영혼아 여러 해 쓸 물건을 많이 쌓아 두었으니 평안히 쉬고 먹고 마시고 즐거워하자 하리라 하되(눅 12:19)

인도자 가이드 |

두 번째로 부자가 어리석은 이유는 자신의 미래를 장담하고 있기 때문이다. 여러 해 쓸 물건을 많이 쌓아 두었기 때문에 평안할 것으로 짐작하는, 지극히 물질 중심의 가치관을 가지고 있다. 우리는 한 치 앞도 장담할 수 없다. 우리는 과거와 미래를 인식할 수는 있지만, 우리가 어떻게 할 수 있는 것은 현재뿐이라는 사실을 부자는 망각했던 것이다.

5. 부자가 어리석은 세 번째 이유가 있다. 그것을 깨닫게 하기 위해서 주님은 '네 영혼'과 '네 준비한 것'을 대조하고 있다. 부자의 세 번째 어리석음은 무엇이라고 할 수 있는가?(20절) 당신에게는 이런 어리석음이 없는지 나누어 보라.

말씀 살피기 |
하나님은 이르시되 어리석은 자여 오늘 밤에 네 영혼을 도로 찾으리니 그러면 네 준비한 것이 누구의 것이 되겠느냐 하셨으니(눅 12:20)

인도자 가이드 |
부자가 세 번째 어리석은 이유는 수단과 목적을 혼돈했기 때문이다. 인생의 목적은 영혼을 윤택하게 하는데 있다. 물질이 아니다. 하지만 어리석은 부자는 목적을 돈을 많이 버는 것에 두었고, 영혼을 윤택하게 하는데 두지 않았다. 그래서 하나님께서 영혼을 도로 찾으시면 그 모든 돈이 소용이 없다는 사실을 깨닫지 못한 것이다. 우리 인생의 목적은 돈이 아니라 영혼이다.

6. 21절에서는 어리석은 부자를 하나님께는 부요하지 못한 자라고 말씀한다. 그 이유는 무엇인지 20절과 21절을 보고 답해 보라.

말씀 살피기 |
하나님은 이르시되 어리석은 자여 오늘 밤에 네 영혼을 도로 찾으리니 그러면 네 준비한 것이 누구의 것이 되겠느냐 하셨으니(눅 12:20)

자기를 위하여 재물을 쌓아 두고 하나님께 대하여 부요하지 못한 자가 이와 같으니라(눅 12:21)

인도자 가이드 |

어리석은 부자가 하나님께 부요하지 못한 자인 이유는 하나님께 돌려드려야 할 것을 준비하지 않았기 때문이다. 하나님께 돌려드려야 할 것은 바로 자신의 영혼이었다. 우리의 영혼도 우리의 것이 아니라는 사실을 부자는 몰랐던 것이다. 하물며 우리의 소유와 재능은 어떻겠는가? 자기에게 주어진 것이 자기 것이라고 착각하고 부자 행세를 하는 자가 바로 하나님께 부요하지 못한 자이다.

7. 어리석지 않은 삶이란 하나님께 부요한 자의 삶이다. 이런 삶의 방식은 어떤 것인지 말해 보라(21절, 33절).

말씀 살피기 |

자기를 위하여 재물을 쌓아 두고 하나님께 대하여 부요하지 못한 자가 이와 같으니라(눅 12:21)

너희 소유를 팔아 구제하여 낡아지지 아니하는 배낭을 만들라 곧 하늘에 둔 바 다함이 없는 보물이니 거기는 도둑도 가까이 하는 일이 없고 좀도 먹는 일이 없느니라(눅 12:33)

인도자 가이드 |

하나님께 부요한 자는 내게 있는 모든 것이 하나님께로부터 온 것이며, 나는 단지 관리만 할 뿐이고 언젠가는 하나님께 돌려 드려야 한다는 사실을 깨닫고 사는 자이다. 그러므로 하나님께 부요한 자의 삶의 방식은 내게 있는 것으로 남을 돕는 삶을 사는 자이다. 나의 물질, 열정, 시간을 하나님께서 주신 것으로 알고 남을 위해 사용하는 삶을 사는 것이다.

8. 당신은 하나님께 부요한 자인가? 그렇게 생각한다면 그 이유는 무엇인지, 그렇지 못하다면 그 이유는 무엇인지 나누어 보라.

인도자 가이드 |

하나님께 부요한 자는 내게 있는 모든 것이 하나님께로부터 온 것이라는 사실을 인식하고 내가 아니라 하나님께 재물을 쌓아 두는 사람이다. 하나님께 재물을 쌓아두는 것은 이웃에게 내 물질, 내 시간, 내 열정을 나누어주고 구제하며 돕는 삶을 의미한다. 성경에서는 이런 사람을 청지기라고 한다. 청지기의 핵심가치는 관리와 결산이라는 두 가지이다. 첫째는 내 것이 아니기 때문에 관리자(Manager)의 삶을 살아야 한다는 것이고, 둘째는 언젠가는 잘 관리했는지 결산해야 한다는 것이다. 내 것이라고 생각하는 이상 우리는 하나님께 부요할 수 없음을 기억하고, 내 것이라고 생각하는 것을 내려놓는 시간을 가져야 한다.

9. 하나님은 이 어리석은 부자처럼 우리가 하나님의 것을 인식하지 못할 때, 때로는 그것을 깨닫도록 도전하신다. 이 부자에게 하신 강력한 마지막 도전은 무엇인지 살펴보라(20절).

말씀 살피기 |

하나님은 이르시되 어리석은 자여 오늘 밤에 네 영혼을 도로 찾으리니 그러면 네 준비한 것이 누구의 것이 되겠느냐 하셨으니(눅 12:20)

인도자 가이드 |

하나님께서 하신 마지막 도전은 '네 영혼을 도로 찾으리니'라는 것이다. 철저하게 나의 것이라고 생각했던 영혼도 사실은 내 것이라 아니라 돌려 드려야 할 것이라는 말이다. 하물며 우리의 물질, 시간, 우리의 젊음은 어떻겠는가? 모든 것이 하나님 것이라는 인식이 정립되어야 비로소 내게 있는 것으로 남을 도울 수 있게 된다.

10. 만약 당신이 오늘 밤 죽게 된다면 당신은 '하나님께 부요한 삶'의 측면에서 당신의 삶에 몇 점을 줄 수 있겠는가? 그렇게 점수를 주는 이유는 무엇인지 나누어 보라.

인도자 가이드 |

사람들은 모두 자신의 기준을 가지고 살아간다. 그 기준에 따라 자신의 삶에 점수를 준다. 여기서 점검해 주어야 하는 것은 그 기준이 과연 성경적인 기준인가 하는 점이다. 점수 매김의 기준은 하나님께 부요한 삶을 사는가 하는 것이다. 실질적으로 자신의 삶을 점검하도록 돕고, 그렇게 점수를 주게 된 이유가 무엇인지 면밀하게 검토하도록 하라.

|다짐하기|

11. 이 비유에서 등장하는 부자가 어리석은 이유를 세 가지로 정리해 보라. 그리고 각각의 항목에 대한 자신의 인식은 어떠한지, 그리고 개선을 위한 결단을 나누어 보라.

1) 소유를 [자][기][것]이라고 인식하기 때문

2) 자신의 [미][래]를 장담하고 있기 때문

3) [수][단]과 [목][적]을 혼돈하고 있기 때문

인도자 가이드 |

부자가 왜 어리석은지 분명하게 정리하는 것이 필요하다. 핵심은 세 가지다. 소유와 시간과 목적에 대한 분명한 인식이다. 소유는 내 것이 아니라 하나님의 것이며, 미래라고 하는 시간 역시 하나님의 것이다. 그리고 인생의 목적은 영혼이지, 돈이 아니라는 사실을 인식하게 하고 잘못된 인식을 개선하기 위한 결단을 하게 하는 것이 중요하다.

12. 이번 한 주 동안 하나님께 부요한 자로 살기 위한 구체적인 계획을 세우고 소그룹원들에게 나누어 보라. 단, 실현 가능하고 점검 가능하며, 구체적인 것이야 한다.

인도자 가이드 |

하나님께 부요한 자의 삶은 11번의 문제를 해결하지 않으면 불가능하다. 소유와 시간과 목적을 분명히 하여 내 것이라고 생각하는 것을 남을 위해 사용할 수 있도록 구체적인 계획들을 나누게 하라. 힘든 지체들을 위해서 시간을 내어 이야기를 들어주고, 밥을 사주고, 차를 마셔주는 것도 진정한 청지기의 삶이며, 곧 하나님께 부요한 삶이 된다는 점을 알려주라.

|관점 얻기|

부자가 어리석은 첫 번째 이유

이 부자는 오늘날로 말하면 성실한 사람, 최선을 다한 사람이다. 게다가 그는 미리 준비하는 미래 지향적인 사람이었다. 하지만 어리석다고 정죄된 이유는 소유를 자신의 것이라고 착각했기 때문이다. 17~19절까지를 원어로 보면 반복해서 "무(나의)"라는 말이 무려 여덟 번이나 등장한다. 그가 어리석은 이유는 세상에서 부의 축척을 위해서 노력했기 때문이 아니라, 세상의 부를 자기 것으로 간주했기 때문이다.

부자가 어리석은 두 번째 이유

두 번째 이유는 자신의 소유에 대한 자신감으로 자기 영혼에게 자신의 미래를 명령하고 있다는 점이다. 즉 자기가 마치 미래의 주인인 것처럼 명령하고 있는 것이다. 인생의 미래를 명령하실 수 있는 분은 오직 하나님이시다. 하지만 사람들은 자주 자기에게 주어진 소유 때문에 자신의 미래가 마치 자기 것인 양 착각을 한다.

부자가 어리석은 세 번째 이유

그는 수단과 목적을 혼돈했기 때문이다. 부자는 돈을 많이 모아서 생명을 윤택하게 하고 싶었다. 그래서 그의 목적은 돈을 많이 버는 것이었다. 그러나 소유는 우리 삶의 목적이 아니다. 이것은 생명을 윤택하게 하기 위한 수단이지 결코 목적이 아니다. 소유는 수단이다. 생명이 목적이다. 이 말은 영생을 위해서 소유를 사용해야 한다는 말이다. 돈이 목적이 될 때, 그때부터 비극이 시작되는 것이다. 그래서 하나님은 20절에 "어리석은 자여 오늘 밤에 네 영혼을 도로 찾으리니 그러면 네 준비한 것이 누구의 것이 되겠느냐" 라고 최후의 통첩을 하시는 것이다. 이 질문 앞에 부자는 대답하지 못한다. 그제야 알게 된 것이다. 철저하게 자기 것이라고 생각했던 것들이 자기 것이 아니라는 사실을. 심지어 자기 생명까지도 도로 찾으실 분이 있다는 사실을 안 것이다.

하나님께 부요한 사람

하나님께 부요치 못한 사람에 대해 21절에서는 소유가 자기 것이라고 생각하는 사람이라고 말한다. 그 소유를 자신만을 위해 사용하는 사람, 목적과 수단을 혼동하는 사람이다. 그래서 결과적으로 하나님께 돌려드려야 할 영혼을 준비하지 못한 사람이 바로 하나님께 부요치 못한 사람인 것이다.

반대로 하나님께 부요한 사람은 소유를 자신을 위해서가 아니라 하나님을 위해서 쌓아두는 사람이다. 하나님께 쌓아두는 것은 하나님과 이웃에게 그 재물을 나누고, 올바로 사용하는 것이다. 하나님께 부요한 사람은 자신이 많이 가졌기 때문에 부요하다고 생각하지 않는다. 비록 내 것처럼 보이지만 그것은 하나님의 것이고, 하나님의 목적을 위해 내게 잠깐 맡겨 놓으신 것이라는 사실을 아는 청지기적 자기 인식을 하는 사람이다.

|청년 자기 체크리스트|

아래의 체크리스트를 가지고 오늘 소그룹 모임에 임한 자신의 태도를 충분히 점검해 보라.

	점검 사항	5	4	3	2	1
준비 및 예습	본 과를 준비하면서 충분히 예습은 하였는가?					
	각 과의 분명한 목적은 알고 모임에 임했는가?					
	성령께서 나를 만지시도록 기도로 준비하였는가?					
	소그룹원들을 위해서 중보하였는가?					
	리더를 위해서 중보하였는가?					
	나를 변화시키실 하나님을 기대하는 마음으로 임했는가?					
참여 및 자세	적극적으로 질문과 대답에 참여했는가?					
	정직하게 자신을 보여주었는가?					
	지체들의 이야기에 사랑의 마음으로 공감적 경청을 하였는가?					
	모임 중 성령의 인도하심을 계속적으로 구했는가?					
	하나님께서 원하시는 것이 무엇인지 분명히 알았는가?					
	발견한 진리를 삶과 인격에 적용하기로 결단했는가?					
	이번주에 중보할 지체를 발견했는가?					
적용 및 결단	자신의 적용이 삶과 인격에 변화를 가져올 만큼 구체적인가?					
	배운 내용이 삶의 상황에 분명히 적용되었는가?					
	소그룹 모임에 대한 만족감이 있었는가?					
	배운 내용을 분명하게 정리했는가?					
	이번 과의 주제와 목적을 분명히 알게 되었는가?					
	삶과 인격의 변화를 위해 기도할 준비가 되어 있는가?					
평가	이번주 총점					

"그러므로 내 사랑하는 형제들아 견실하며 흔들리지 말고 항상 주의 일에 더욱 힘쓰는 자들이 되라 이는 너희 수고가 주 안에서 헛되지 않은 줄 앎이라" (고전 15:58)

- 이번주 생일 맞은 사람은?
- 이번주 소그룹 특이 사항은?
- 다음주 행사는?
- 다음주 전도할 대상은?
- 이번 달 암송 구절과 필독서는?

6과
회개하는 삶

누가복음 13장 1~9절

성경에서 말하는 열매란 무엇이라고 생각하는가?
대부분의 사람들은 전도를 통해 얻는 영혼이라고 생각한다.
하지만 오늘 본문은 열매가 영혼이 아니라 회개라고 말한다.
당신은 진정한 회개의 열매를 맺고 있는가?
성경에서 말하는 회개란 과연 무엇일까?
죄를 뉘우치고 눈물을 흘리며, 죄 값에 해당하는 고생을 하는 것이 회개일까?
오늘 본문에서는 회개의 진정한 의미가 무엇인지 말씀한다.
이 회개가 우리의 신앙생활에 열매여야 한다.
과연 열매로서의 회개는 무엇을 의미하는지 살펴보자.

말씀 암송 | 로마서 6장 23절

죄의 삯은 사망이요 하나님의 은사는 그리스도 예수 우리 주 안에 있는 영생이니라

|다가서기|

1. 당신이 잘못한 것을 그룹원들 앞에서 고해성사를 하라. 단, 나눌 수 있는 가벼운 것이야 한다. 그리고 그것을 들은 그룹원들은 10점을 만점으로 하는 점수를 주고, 누가 제일 잘 했는지, 그 이유는 무엇인지 나누어 보라.

인도자 가이드 |

이런 작업을 통해서 잘못을 뉘우칠 때 가장 중요한 점은 진실함이라는 사실을 스스로 깨닫게 하는 것이다. 점수를 높이 주는 기준을 진실함에 두도록 유도하여 회개에 대해 포커스를 맞추도록 도와주어야 한다.

2. 당신이 생각하는 회개란 무엇인가? 어떻게 하는 것이 회개라고 생각하는가?

인도자 가이드 |

성경에서 말하는 회개를 나누기 전에 개인적으로 생각하는 회개가 무엇인지 점검하는 것이 필요하다. 그래야 말씀을 나누고 바른 회개에 대해 정립할 수 있게 된다. 회개란 세 가지 요소를 포함한다. 첫째는 잘못을 진심으로 인정하는 것, 둘째는 삶으로 완전히 돌아서는 것, 셋째는 끊임없이 하나님의 은혜를 구하는 것이다. 그렇기 때문에 회개란 해치우는 것이 아니고 뉘우치는 감정과 눈물이 있어야만 하는 것도 아니며 인생 전부를 들여서 이루어 가는 과정임을 인식하는 것이 필요하다.

|깊이 보기| 누가복음 13장 1~9절

본문은 "그때 마침 두어 사람이 와서 빌라도가 어떤 갈릴리 사람들의 피를 그들의 제물에 섞은 일로 예수께 아뢰니(1절)"라고 시작한다. 여기서 '그때'는 누가복음 12장 끝에서 '최종 심판의 불이 붙기 전에 우리는 주님과 화해해야 한다.'고 교훈하신 때이다. 이 화해가 바로 '죄를 뉘우치고 주님께 돌아오는 것' 곧 회개다. 회개를 가르치실 때 두어 사람이 예수님께 질문을 했고, 그 질문에 주님은 회개에 대해서 열매 맺지 못하는 나무의 비유를 말씀하신다.

3. 1절에서 말하는 '빌라도가 어떤 갈릴리 사람들의 피를 그들의 제물에 섞은 일'은 유대 독립을 꿈꾸는 갈릴리의 몇몇 사람들이 유대에 제사 드리러 왔다가 빌라도에게 죽임을 당했다는 의미로 해석된다. 이 사건에 대한 사람들의 생각과 주님의 생각은 어떻게 다른가?(1~3절)

말씀 살피기 |

그때 마침 두어 사람이 와서 빌라도가 어떤 갈릴리 사람들의 피를 그들의 제물에 섞은 일로 예수께 아뢰니(눅 13:1)

대답하여 이르시되 너희는 이 갈릴리 사람들이 이같이 해 받으므로 다른 모든 갈릴리 사람보다 죄가 더 있는 줄 아느냐(눅 13:2)

너희에게 이르노니 아니라 너희도 만일 회개하지 아니하면 다 이와 같이 망하리라(눅 13:3)

인도자 가이드 |

빌라도가 AD 26~36년까지 유다 지역을 치리할 당시 갈릴리는 빌라도의 관할 구역이 아니었다. 갈릴리는 무력으로 로마를 전복시키기를 꿈꾸는 열성파 민족주의자들의 본거지였다. 그런데 그 중 몇이 예루살렘으로 제사를 드리러 왔다가 빌라도에게 죽임을 당한 것 같다(1절). 사람들은 이 갈릴리 사람들이 죄가 많아서 죽은 것이라고 생각했다(2절). 하지만 이 사건에 대해 주님은 그 사람들이 더 죄가 있어서 망한 것이 아니라 '너희도 회개하지 않으면 다 이와 같이 망한다'라는 말씀하신 것 뿐이다(3절).

4. 4절에서 말하는 '실로암에서 망대가 무너져 치어 죽은 사건'은 1절과는 달리 우연한 사고로 죽은 것이다. 이 사고에 대한 사람들의 생각과 주님의 생각은 어떻게 다른가?(4,5절)

말씀 살피기 |

또 실로암에서 망대가 무너져 치어 죽은 열여덟 사람이 예루살렘에 거한 다른 모든 사람보다 죄가 더 있는 줄 아느냐(눅 13:4)

너희에게 이르노니 아니라 너희도 만일 회개하지 아니하면 다 이와 같이 망하리라(눅 13:5)

인도자 가이드 |

두 번째 사건은 사건이 아니라 우연한 사고다. 실로암은 예루살렘 동남쪽 성벽에 붙어 있는 저수지였다. 망대는 예루살렘 방어를 위해 그 성벽에 세워진 것이었다. 역사가 요세푸스(Josephus)에 따르면, 당시 빌라도가 이 실로암의 물 공급을 개선하기 위해서 수로 공사를 했는데 이 망대가 무너진 사건은 아마도 이 수로 공사 중에 일어난 우연한 사고였던 것 같다(4절). 이 사고에 대해 사람들은 역시 '치어죽은 사람들이 죄가 많아서'라고 생각했다. 하지만 예수님의 생각은 너희도 회개하지 않으면 다 이와 같이 망한다는 것이다.

5. 이 두 사건에 대한 주님의 말씀을 비교하여 묵상해 보라(3,5절). '그들이 죄가 많아서 죽었다'고 생각하는 그들에게 하신 주님의 말씀은 어떤 전제가 깔려 있는 것 같은가?(3,5절)

말씀 살피기 |

너희에게 이르노니 아니라 너희도 만일 회개하지 아니하면 다 이와 같이 망하리라(눅 13:3)

너희에게 이르노니 아니라 너희도 만일 회개하지 아니하면 다 이와 같이 망하리라(눅 13:5)

인도자 가이드 |

주님의 말씀은 한글 성경으로는 동일하지만 원어로 보면 3절에서 '죄'는 '하마르티아', 즉 '과녁에서 벗어나다'라는 뜻인데 이것은 하나님의 율법을 범한 것을 강조하는 말이다. 5절에서의 '죄'는 '오페일로'로 '빚을 지다'라는 의미로 하나님께 대한 의무를 소홀히 한다는데 강조점이 있는 말이다. 그러니까 이런 다양한 용어를 사용하신 것은 징계를 당하는 죄가 따로 있다는 말이 아니라 모든 죄는 동일하며 그 죄를 회개하지 않으면 다 이와 같이 망할 것이라고 강조하신 것이다.

그러므로 이 말씀에 깔려 있는 전제는 '그들이 너희보다 더 죄가 많다'가 아니라 '너희도 동일한 죄인이다'라는 것이다.

6. 3,5절에서 말하는 '다 이와 같이(비슷한 방식으로)'라는 말은 두

사건으로 죽은 사람들의 공통점을 말하는 것이다. 그렇다면 '너희도 만일 회개하지 아니하면 다 이와 같이 망하리라'는 말의 '다 이와 같이'라는 말은 정확하게 어떤 의미라고 생각하는가?(3,5절)

인도자 가이드 |

'다 이와 같이'라는 말은 회개하지 아니하면 제사 드리다가 죽임을 당하고, 망대가 무너져서 죽는다는 말이 아니라 부지불식간에 죽임을 당한다는 말이다. 우리도 회개하지 아니하면 미처 죽음을 준비하지 못하고 죽음을 맞이하게 된다는 말씀이다.

7. 3,5절의 말씀은 '회개하면 절대로 사건, 사고를 당하지 않는다'는 말씀이 아니다. 여기서 말하는 '망하다'라는 말은 어떤 의미의 죽음인지 생각해 보라(계20:14).

말씀 살피기 |

사망과 음부도 불못에 던져지니 이것은 둘째 사망 곧 불못이라(계 20:14)

인도자 가이드 |

여기서 말하는 '망하다(아폴뤼미)'는 '구원(소테리아)'과 '영생(조에 아이오니오스)'이 확실하고 영원한 구원을 의미하는 것과 같이 '최후의 멸망, 곧 단순히 육체적 실존의 근절이라는 의미에서가 아니라 지옥과 소망 없는 사망의 운명으로의 영원한 돌입이라는 의미에서의 '멸망'을 의미한다(A. Oepke). 즉, 육체적 죽음을 의미하는 것이 아니라 두 번째 죽음, 영원한 죽음을 의미한다.

8. 6~9절까지 등장하는 '열매 맺지 못하는 무화과나무의 비유'를 자신의 말로 쉽게 정리해 보라. 그리고 등장하는 인물과 소품들이 무

엇을 의미하는지 말해 보라.

말씀 살피기 |

이에 비유로 말씀하시되 한 사람이 포도원에 무화과나무를 심은 것이 있더니 와서 그 열매를 구하였으나 얻지 못한지라(눅 13:6)

포도원지기에게 이르되 내가 삼 년을 와서 이 무화과나무에서 열매를 구하되 얻지 못하니 찍어버리라 어찌 땅만 버리게 하겠느냐(눅 13:7)

대답하여 이르되 주인이여 금년에도 그대로 두소서 내가 두루 파고 거름을 주리니(눅 13:8)

이 후에 만일 열매가 열면 좋거니와 그렇지 않으면 찍어버리소서 하였다 하시니라(눅 13:9)

인도자 가이드 |

포도원 주인이 포도원에 무화과나무를 심고 삼 년 동안이나 열매를 구했지만 얻지 못하자 포도원지기에게 찍어버리라고 한다. 그러자 포도원지기가 금년에도 그대로 둬 달라고 요청하면서 자신이 두루 파고 거름을 주어 열매를 맺게 해 보고 그래도 열매가 없으면 그때 찍어버리겠다고 부탁하는 이야기다. 여기서 포도원 주인(한 사람)은 하나님이고, 포도원 지기는 예수 그리스도다. 그리고 무화과나무는 바로 우리를 의미한다.

9. 이 비유의 핵심은 '열매'가 아니라 '열매를 기다리시는 주인의 인내'이다. 포도원지기는 삼 년을 기다리다 열매를 얻지 못하자 찍어버리라고 했는데 어째서 '인내하는 주인'으로 묘사되는가?(참고. 레 19:23)

말씀 살피기 |

너희가 그 땅에 들어가 각종 과목을 심거든 그 열매는 아직 할례 받지 못한 것으로 여기되 곧 삼 년 동안 너희는 그것을 할례 받지 못한 것으로 여겨 먹지 말 것이요(레 19:23)

인도자 가이드 |

레위기 19장 말씀을 근거로 하면 유대인들에게 나무를 심은 지 3년동안은 부정한 것이므로 열매를 바라지 않는다. 그렇기 때문에 여기서 3년을 기다렸다는 말은 부정한 3년을 제외한 3년이다. 즉 심은 지 7년째에 열매를 구한 것이다. 그렇기 때문에 포도원 주인은 열매를 기다리고 인내한 주인이 되는 것이다.

10. 여기서 등장하는 포도원 지기는 우리를 열매 맺게 하시는 예수 그리스도시다. 예수께서는 우리를 열매 맺게 하시기 위해서 어떤 일을 하신다고 말하는가? 이 말의 의미는 무엇인가?(8,9절)

말씀 살피기 |

대답하여 이르되 주인이여 금년에도 그대로 두소서 내가 두루 파고 거름을 주리니(눅 13:8)

이 후에 만일 열매가 열면 좋거니와 그렇지 않으면 찍어버리소서 하였다 하시니라(눅 13:9)

인도자 가이드 |

여기서 '두루 파고 거름을 준다'는 말은 우리에게 주시는 말씀을 의미한다. 말씀이 우리에게 선포되어지는 궁극적인 이유는 은혜가 아니라 열매다. 은혜는 열매를 위해서 주어진다.

11. '열매 맺지 못하는 무화과나무의 비유'는 '회개하지 않으면 다 망하리라'는 교훈을 설명하시기 위한 비유이다. 그렇다면 이 비유에서 말하는 열매는 무엇이라고 할 수 있는가? 그리고 그것의 진정한 의미는 무엇인가?(엡5:8,9)

말씀 살피기 |

너희가 전에는 어둠이더니 이제는 주 안에서 빛이라 빛의 자녀들처럼 행하라(엡 5:8)

빛의 열매는 모든 착함과 의로움과 진실함에 있느니라(엡 5:9)

인도자 가이드 |

이 비유에서 말하는 열매는 바로 앞에서 말한 '회개'이다. 회개라는 뜻의 '메타노이아'는 '돌아서다'라는 의미를 강조하는 말로, 지적인 관념의 변화만을 의미하지 않고 의지적 결단을 강조하는 말이다. 정리하면 회개라는 열매는 포도원 지기의 거름, 즉 말씀으로 인해 뉘우치되 의지적 결단으로 지적인 부분뿐만 아니라 행동과 인격도 변화되는 것을 의미한다. 이것을 에베소서 5장9절에서는 "빛의 열매는 모든 착함과 의로움과 진실함"이라고 설명하는데, 여기서 '착함'은 '의지적인 선'이고, '의로움'은 '하나님과의 관계 회복'을 말하며, '진실함'은 '예수께로부터 나오는 말씀에 대한 반응'을 말한다.

12. 예수님은 우리에게 '율법으로서의 회개'가 아닌 '복음으로서의 회개'를 원하신다. '율법으로서의 회개'는 죄를 지었기 때문에 잘못했다고 하는 개념의 회개다. 그렇다면 '복음으로서의 회개'란 무엇을 의미하는지 포도원 지기의 모습과 연관하여 생각해 보라(8절).

말씀 살피기 |

대답하여 이르되 주인이여 금년에도 그대로 두소서 내가 두루 파고 거름을 주리니(눅 13장8절)

인도자 가이드 |

율법으로서의 회개란 전통적인 유대교식 회개이다. 뉘우침의 감정, 비통의 몸짓, 참회의 행위 또는 고행(참조, 마 11:21)등이 있는 회개이다. 이런 회개는 인간 편에서 나오는 회개이다. 회개하지 않으면 심판을 당할 것이기 때문에, 잘못 했으니 잘못에 대한 대가성 뉘우침으로 하는 회개이다.

하지만 복음으로서의 회개란 하나님 편에서 나오는 회개이다. 이 회개는 하나님의 인내와 오래 참으심과, 예수 그리스도의 중보의 은혜를 근거로 나오는 회개이다. 하나님의 오래 참으심과 예수의 사랑하심에 대한 반응으로 나오는 회개다. 이것이 바로 복음으로서의 회개이다. 예수께서 우리에게 원하시는 회개는 바로 이런 회개이다.

13. 당신의 회개는 율법으로서의 회개인가, 복음으로서의 회개인가? 그렇게 생각하는 이유는 무엇인가?

인도자 가이드 |

자신이 하고 있는 회개를 돌아보는 시간을 갖는 것은 굉장히 중요한 작업이다. 벌 받을까봐 하는 회개는 율법으로서의 회개이다. 하지만 하나님께서 우리에게 원하시는 회개는 하나님의 오래 참으심 때문에, 예수의 참아주심과 사랑하심 때문에 감격함으로 하는 회개이다. 이것이 복음이다. 이 복음으로서의 회개가 우리 속에 없는 이유는 계속해서 복음에 근거한 삶이 아니라 종교성이나 양심에 의한 삶을 살기 때문이다. 예수의 보혈의 공로가 어떤 것인지 아직도 모르기 때문이다.

|다짐하기|

14. 지금까지 하나님께서 나를 위해 얼마나 참으셨고, 어떻게 날 사랑하셨는지 묵상해 보고 감사의 편지를 써보라. 그리고 그 사랑에 감격한 회개를 하며 살도록 기도문을 함께 써보라. 그리고 다음주에 가지고 와서 서로 나누어 보라.

인도자 가이드 |

구체적이고 실질적으로 편지와 기도문을 적게 하고, 꼭 다음주에 나누어 보는 게 좋다. 혹은 페이스북이나 카카오스토리에 올리도록 하여 공개하는 것도 신앙의 성숙에 도움을 줄 것이다.

|관점 얻기|

두 사건에 대한 사람들의 생각과 주님의 생각

첫 번째 사건은 몇몇 갈릴리 사람들이 빌라도에 의해 죽임을 당한 사건이다. "어떤 갈릴리 사람들의 피를 그들의 제물에 섞었다."라는 말은 제물을 드릴 때, 즉 제사 드리다가 빌라도에게 죽임을 당했다는 뜻이다. 빌라도가 AD 26~36년까지 유다 지역을 치리할 당시 갈릴리는 무력으로 로마를 전복시키기를 꿈꾸는 열성파 민족주의자들의 본거지였다. 그런데 그 중 몇이 예루살렘으로 제사를 드리러 왔다가 빌라도에게 죽임을 당한 것 같다.

두 번째 사건은 우연한 사고이다. 실로암은 예루살렘 동남쪽 성벽에 붙어 있는 저수지였다. 망대는 예루살렘 방어를 위해 그 성벽에 세워진 것이었다. 역사가 요세푸스(Josephus)에 따르면, 당시 빌라도가 이 실로암의 물 공급을 개선하기 위해서 수로 공사를 했는데 아마도 이 수로 공사 중에 망대가 무너진 우연한 사고였던 것 같다.

이 두 사건에 대한 사람들의 생각은 그들이 죄가 많아서 그렇게 되었다는 것이었다(2,5절). 하지만 주님의 생각은 회개하지 아니하면 너희도 갈릴리 사람들처럼 망하게 된다는 말씀을 하신 것뿐이다(3,5절). 이 말은 인생의 문제는 죄의 많고 적음이 아닌 모든 사람이 죄인임을 암시하는 말이다. 3절에서 죄라는 단어는 '하마르티아(과녁에서 벗어나다)'라는 단어를 썼고, 5절에서는 '오페일로(빚을 지다)'라는 단어를 사용했다. 이런 다양한 용어를 사용하신 것은 징계를 당하는 죄가 따로 있다는 말이 아니라 모든 죄는 동일하며 그 죄를 회개하지 않으면 다 이와 같이 망할 것이라는 뜻이다.

다 이와 같이 망하리라

이 말은 갈릴리 사람과 망대에 깔려 죽은 18명의 사람들처럼 그렇게 죽는다는 말이 아니라 죽임을 당한 사람들의 공통점, 즉 다 부지불식간에 알지 못하고 갑자기 죽었다는 말이다. 이 말은 회개하는 사람은 죽지 않는다는 말이 아니다. 여기서 '망하리라'는 말은 '최후의 멸망, 곧 단순히 육체적 실존의 근절이라는 의미에서가 아니라 지옥과 소망 없는 사망의 운명으로의 영원한 돌입이라는 의미에서의 멸망'을 의미한다(A.Oepke). 즉 육체적 죽음이 아니라 영과 육이 함께 지옥 불에 던져지는 두 번째 죽음, 영적인 죽음을 의미한다(계20:11-15).

열매 맺지 못하는 무화과 나무의 비유

이 비유에서 주인은 하나님이고, 포도원 지기는 예수님이다. 그리고 무화과 나무는 우리다. 레위기 19장23절을 보면, 유대인들은 처음 심은 나무는 3년 동안 부정하다고 여겨 열매를 먹지 않았다. 그렇기 때문에 주인이 3년을 참았다는 말은 나무를 심고 7년째 되는 해에 열매를 구했다는 말이다. 그러므로 이 비유의 핵심은 열매가 아니라 '열매를 기다리는 주인의 인내'에 있다. 분명한 것은 오래 참으심에는 유효기한이 있다는 것이다.

이 심판을 뒤로 미루게 하는 결정적인 역할을 하는 것이 바로 포도원지기이신 우리 주 예수님이시다. 이를 위해 예수님은 두루 파고 거름을 주겠다고 말한다(8,9절). 이것은 우리에게 주시는 말씀을 의미한다. 결국 말씀이 우리에게 선포되어지는 이유는 궁극적으로 은혜가 아니라 열매다. 이 비유는 회개의 교훈 뒤에 이어지는 비유다. 그러므로 이 열매는 곧 '회개'가 되는 셈이다.

율법으로서의 회개, 복음으로서의 회개

'회개(메타노이아)'는 '돌아서다'라는 의미를 강조한 말로 여기에는 첫째, 회개란 의지적 결단을 포함한다는 점과 둘째는 지적인 관념의 변화만을 의미하는 것은 아니라는 점이 내포되어 있다. 회개라는 열매는 포도원 지기의 거름, 즉 말씀으로 인해 뉘우치되 의지적 결단으로 지적인 부분뿐만 아니라 행동과 인격도 변화되는 것을 의미한다. 이것이 열매로서의 회개이다. 에베소서 5장9절에서는 이 열매를 '모든 착함과 의로움과 진실함'이라고 말한다. 착함은 '의지적인 선'이고, 의로움은 '하나님과의 관계 회복'을, 진실함은 '예수님께로부터 나오는 말씀에 대한 반응'을 말한다.

그러므로 예수님께서 요구하신 회개는 율법으로서의 회개가 아닌 복음으로서의 회개다. 율법으로서의 회개는 전통적인 유대교식 회개이다. 뉘우침의 감정, 비통의 몸짓, 참회의 행위 또는 고행(마11:21)등이 있는 인간 편에서 나오는 회개다. 회개하지 않으면 심판을 당할 것이기 때문에 하는 회개요, 잘못 했으니 잘못에 대한 대가로 뉘우치는 회개다.

반면에 복음으로서의 회개란 하나님 편에서 나오는 회개다. 하나님의 인내와 오래 참으심과, 예수 그리스도의 중보의 은혜를 근거로 나오는 회개이다. 예수의 사랑하심에 대한 반응으로 나오는 회개다. 오래 참아주시는 은혜가 너무 감사해서 나오는 회개다.

|청년 자기 체크리스트|

아래의 체크리스트를 가지고 오늘 소그룹 모임에 임한 자신의 태도를 충분히 점검해 보라.

	점검 사항	5	4	3	2	1
준비 및 예습	본 과를 준비하면서 충분히 예습은 하였는가?					
	각 과의 분명한 목적은 알고 모임에 임했는가?					
	성령께서 나를 만지시도록 기도로 준비하였는가?					
	소그룹원들을 위해서 중보하였는가?					
	리더를 위해서 중보하였는가?					
	나를 변화시키실 하나님을 기대하는 마음으로 임했는가?					
참여 및 자세	적극적으로 질문과 대답에 참여했는가?					
	정직하게 자신을 보여주었는가?					
	지체들의 이야기에 사랑의 마음으로 공감적 경청을 하였는가?					
	모임 중 성령의 인도하심을 계속적으로 구했는가?					
	하나님께서 원하시는 것이 무엇인지 분명히 알았는가?					
	발견한 진리를 삶과 인격에 적용하기로 결단했는가?					
	이번주에 중보할 지체를 발견했는가?					
적용 및 결단	자신의 적용이 삶과 인격에 변화를 가져올 만큼 구체적인가?					
	배운 내용이 삶의 상황에 분명히 적용되었는가?					
	소그룹 모임에 대한 만족감이 있었는가?					
	배운 내용을 분명하게 정리했는가?					
	이번 과의 주제와 목적을 분명히 알게 되었는가?					
	삶과 인격의 변화를 위해 기도할 준비가 되어 있는가?					
평가	이번주 총점					

"그러므로 내 사랑하는 형제들아 견실하며 흔들리지 말고 항상 주의 일에 더욱 힘쓰는 자들이 되라 이는 너희 수고가 주 안에서 헛되지 않은 줄 앎이라" (고전 15:58)

- 이번주 생일 맞은 사람은?
- 이번주 소그룹 특이 사항은?
- 다음주 행사는?
- 다음주 전도할 대상은?
- 이번 달 암송 구절과 필독서는?

7과
기쁨이 있는 삶

누가복음 15장 11~32절

당신은 신앙생활이 즐거운가?
성경은 예수 믿는 자는 누구나 그 배에서 생수의 강이 흘러넘칠 것이라고 말한다. 이는 죄 용서의 감격, 예수 믿는 기쁨, 함께 하심의 소망을 의미한다고 할 수 있다.
그런데 어째서 우리는 이런 기쁨이 없는 것일까?
예수님을 만나면 기쁘다.
내 죄를 용서받은 것을 깨닫게 되면 기쁘다.
늘 나와 함께하심을 알면 기쁘다.
또한 주님은 우리에게 충성스럽게 살고 주인의 기쁨에 동참하라고 말씀하신다.
그렇다면 신앙생활이란 기쁨의 연속이어야 한다.
과연 기쁨이 없는 신앙을 믿음이라고 할 수 있을까?
오늘 비유를 통해서 우리에게는 왜 기쁨이 없는지를 심도 있게 살펴보자.

말씀 암송 | 로마서 5장 8절

우리가 아직 죄인 되었을 때에 그리스도께서 우리를 위하여 죽으심으로 하나님께서 우리에 대한 자기의 사랑을 확증하셨느니라

|다가서기|

1. 다음의 빈 곳에 가장 기쁠 수 있는 상황으로 채워보라. 그리고 그룹원들에게 발표해 보라.

*만약 ____________________ 이라면, 나는 가장 기쁠 것 같아!

인도자 가이드 |

자신이 가장 기쁠 수 있는 여러 상황들을 생각해 보게 하는 것이다. 아마 다양한 의견들이 나올 것이다. 사람은 자신의 감정을 드러낼 때 자신의 본심을 은연중에 표현하기 마련이다. 이런 시간을 통해서 그룹원들이 어떤 기쁨의 기준을 가지고 있는지 파악해 볼 수 있다.

2. 당신은 기독교에서 가장 중요한 것이 무엇이라고 생각하는가? 기독교에서 기쁨은 어떤 것이며, 어느 정도 중요한 것이라고 생각하는가?

인도자 가이드 |

흔히 기독교는 사랑의 종교라고 말한다. 하지만 그것 못지않게 기쁨이라는 것도 중요하다. 기쁨은 수준 높은 영성이다. 기쁨은 구원의 증상이면서 신앙생활의 원동력이고, 삶의 목적이기 때문이다.

|깊이 보기| 누가복음 15장 11~32절

누가복음 15장은 세 개의 비유로 이루어져 있는데 잃은 양을 찾은 목자의 비유, 잃은 드라크마를 찾은 여인의 비유, 잃은 아들을 찾은 아버지의 비유가 그것이다. 하지만 이 비유는 한 비유의 세 부분이라고 이해해야 한다. 왜냐하면 3절에 쓰인 "비유"는 복수가 아니라 단수이기 때문이다. 이 세 비유의 주제는 전도가 아니라 '잃은 것을 다시 찾은 기쁨'에 있다. 그리고 그 기쁨은 백 마리 중 한 마리의 짐승, 열 개 중 하나의 드라크마, 두 명 중 하나의 아들로 하여 점층적으로 그 범위와 가치를 강조한다. 잃어버린 것을 찾는 기쁨을 세 번 반복하는 데는 중요한 이유가 있다.

3. 세 비유에서 반복적으로 등장하는 중요한 개념은 무엇인지 확인해 보라(7,10,32절). 당신이 생각하는 회개는 무엇인가? 반면에 여기서 말하고자 하는 회개의 개념은 어떤 것인지 생각해 보라.

말씀 살피기 |

내가 너희에게 이르노니 이와 같이 죄인 한 사람이 회개하면 하늘에서는 회개할 것 없는 의인 아흔아홉으로 말미암아 기뻐하는 것보다 더하리라(눅 15:7)

내가 너희에게 이르노니 이와 같이 죄인 한 사람이 회개하면 하나님의 사자들 앞에 기쁨이 되느니라(눅 15:10)

이 네 동생은 죽었다가 살아났으며 내가 잃었다가 얻었기로 우리가 즐거워하고 기뻐하는 것이 마땅하다 하니라(눅 15:32)

인도자 가이드 |

세 비유에서 반복되는 개념은 '회개'다. 우리가 흔히 생각하는 회개는 'I'm sorry'다. 내가 잘못했다고 고백하는 것이다. 하지만 세 비유에서 공통적으로 말하는 회개의 개념은 주인이 잃어버린 것을 죽을 고생을 해서 찾는 개념이다. 그러므로 예수님께서 말씀하시고자 하는 회개란 내가 뉘우치는 개념이 아니라 철저하게 목자가 찾아내는 개념이다. 우리가 하나님 앞에 뉘우쳤기 때문에 회개가 아니라 뉘우칠 수 있도록 해주셨기 때문에 회개인 것이다.

4. 15장의 세 비유는 각각의 주체가 다르다. 4절, 8절, 11절을 확인하여 세 비유의 주체가 누구인지 적어보라. 그리고 이 비유들이 '주인이 잃은 것을 찾은 기쁨'이라는 점을 염두에 두고 세 주체가 각각 누구를 의미하는지 생각해 보라.

말씀 살피기 |

너희 중에 어떤 사람이 양 백 마리가 있는데 그 중의 하나를 잃으면 아흔아홉 마리를 들에 두고 그 잃은 것을 찾아내기까지 찾아다니지 아니하겠느냐(눅 15:4)

어떤 여자가 열 드라크마가 있는데 하나를 잃으면 등불을 켜고 집을 쓸며 찾아내기까지 부지런히 찾지 아니하겠느냐(눅 15:8)

또 이르시되 어떤 사람에게 두 아들이 있는데(눅 15:11)

인도자 가이드 |

세 비유의 주체는 각각 '어떤 사람', '어떤 여자', '어떤 사람'이다. 잃은 양의 비유에서 '어떤 사람'은 헬라어로 보면 남성형으로 되어 있고, 양을 어깨에 메고 오는 모습은 과거 모세의 모습을 상징하기 때문에 성자 예수님을 의미한다고 본다. 잃은 드라크마의 비유에서 '어떤 여자'는 여성형으로 이는 창세기의 수면 위에 운행하셨던 여성형으로 기록된 하나님의 신, 성령 하나님을 의미한다고 본다. 세 번째 비유에서 '어떤 사람'은 아버지다. 즉 성부 하나님을 의미한다. 결국 이 세 비유는 반복이 아니라 성자, 성령, 성부 하나님이 우리를 찾으셔서 기뻐하시는 모습을 실질적이고 집중적으로 묘사하고 있는 것이다. 그러므로 잃은 자를 찾기 위한 성자, 성령, 성부 하나님의 일하심을 묘사한 비유이기도 하다.

5. 11~32절까지의 '잃은 아들을 찾은 아버지의 비유'를 읽고 그 줄거리를 자신의 말로 그룹원들에게 말해 보라.

인도자 가이드 |
어떤 아버지에게 두 아들이 있었는데, 둘째 아들은 아버지가 죽지도 않았는데 유산을 요구하고 이방 땅에 가서 허랑방탕하게 탕진한다. 그리고는 돼지를 치며 쥐엄 열매를 얻어먹는 것도 여의치가 않자 결국 아버지께로 돌아가기로 결정했다. 하지만 예상 외로 아버지는 둘째 아들을 환대했고, 잔치를 벌여 아들의 지위를 회복시켜 주었다. 그러자 밭에서 일하던 첫째 아들이 돌아와서는 그 사실에 화를 내었고 아버지가 큰 아들을 설득한다는 것이 이 이야기의 줄거리이다.

6. 15장에 등장하는 세 비유에서 강조되는 '회개'의 개념은 '스스로 돌이키는 개념'이 아니라 철저하게 '주인이 다시 찾아내는 개념'이다. 이런 맥락에서 본다면 18,19절의 고백은 둘째 아들의 진정한 뉘우침이 아니라고 볼 수 있다. 그 이유가 무엇인지 17절과 아래의 글을 읽고 답해 보라.

탈무드에 보면, 유대인들이 가족의 유산을 이방인들의 손에 내어 준 소년을 벌하는 의식이 나오는데, 그것을 '케샷사(Qetsatsah) 의식'이라고 한다. 이 소년이 고향으로 돌아오자 마을 사람들은 마을 어귀에서 태운 콩과 태운 옥수수를 가득 채운 커다란 항아리를 가지고 와서는 그 앞에서 깨어버리고, '아무개는 그의 백성으로부터 영원히 끊어졌다'라고 외친다.

그리고는 그와 접촉은 커녕 상종도 하지 않았고 심한 경우에는 돌로 쳐 죽이기도 했다. 둘째 아들은 본능적으로 아버지께로 돌아가면 그 케샷사 의식을 피할 수 없다는 걸 안다. 그래서 아버지의 마음을 돌이킬 미봉책으로 18,19절의 말을 준비하고 내키지는 않았지만 고향으로 향했던 것이다.

말씀 살피기 |

이에 스스로 돌이켜 이르되 내 아버지에게는 양식이 풍족한 품꾼이 얼마나 많은가 나는 여기서 주려 죽는구나(눅 15:17)

내가 일어나 아버지께 가서 이르기를 아버지 내가 하늘과 아버지께 죄를 지었사오니(눅 15:18)

지금부터는 아버지의 아들이라 일컬음을 감당하지 못하겠나이다 나를 품꾼의 하나로 보소서 하리라 하고(눅 15:19)

인도자 가이드 |

18,19절의 고백은 진정한 회개가 아니라 케샷사 의식을 염두에 둔 미봉책이었다. 그러므로 17절에 "이에 스스로 돌이켜"는 15장이 말하는 회개의 개념과 정면으로 충돌된다.

여기서 '스스로 돌이켜'라는 말은 '자신의 모습을 직시하게 되었다(He came to himself/RSV)'로 진정한 뉘우침을 의미하지 않는다. 고난은 자신의 모습을 직시

할 수 있는 기회를 제공해 준다. 하지만 진정한 회개는 고난만으로 할 수 있는 것이 아니다.

7. 둘째 아들의 진정한 회개는 21절로 봐야 한다. 21절의 고백은 18,19절의 고백과 동일하다. 그런데 어째서 21절의 시점이 진정한 회개라고 볼 수 있는가?(20절)

말씀 살피기 |

이에 일어나서 아버지께로 돌아가니라 아직도 거리가 먼데 아버지가 그를 보고 측은히 여겨 달려가 목을 안고 입을 맞추니(눅 15:20)

아들이 이르되 아버지 내가 하늘과 아버지께 죄를 지었사오니 지금부터는 아버지의 아들이라 일컬음을 감당하지 못하겠나이다 하나(눅 15:21)

인도자 가이드 |

누가복음 15장에서 반복적으로 말하고 있는 회개의 개념은 자신 스스로 하는 개념이 아니라 아버지가 절대적으로 다시 찾는 개념으로 등장한다. 그러므로 성경에서 말하는 회개란 자신의 고난 때문에 하는 것이 아니라 아버지의 사랑에 감격함으로 하는 것이다. 그렇기 때문에 둘째 아들의 진정한 회개는 케샷사를 염두에 둔 18,19절이 아니라 아버지의 환대와 사랑으로 충격을 받은 21절의 시점이라고 봐야 하는 것이다.

8. 24절은 아버지가 잔치를 배설한 이유가 무엇인지 구체적으로 선언하시는 장면이다. 아버지가 잔치를 배설한 이유가 무엇인가? 여기에서 회개의 개념이 명확하게 다시 한 번 드러난다. 당신이 깨달은 이 회개의 개념을 말해 보라.

말씀 살피기 |

이 내 아들은 죽었다가 다시 살아났으며 내가 잃었다가 다시 얻었노라 하니 그들이 즐거워하더라(눅 15:24)

인도자 가이드 |

아버지가 잔치를 배설한 이유는 아들이 회개하여 돌아온 것이 아니라 아버지가 잃은 아들을 다시 찾았기 때문이다. 이것이 바로 정확한 회개의 개념이다. 회개란 우리가 스스로 뉘우치는 것이 아니라 철저히 하나님께서 우리를 뉘우치게 하는 개념이다. 그러므로 우리에게 있어야 하는 회개는 회개하지 않으면 벌을 받을 것이기 때문에 하는 회개가 아니라, 아버지의 사랑 때문에 감격하여 하는 회개다. 이것이 바로 율법이 아니라 복음을 근거로 한 회개다.

9. 당신에게는 아버지의 사랑과 은혜 때문에 하는 진정한 회개가 있는가? 그 회개는 무엇인지 설명해 보고, 없다면 그 이유는 무엇인지 나누어 보라.

인도자 가이드 |

하나님께서 우리에게 원하시는 회개는 율법을 범한 자의 두려움으로 하는 회개가 아니다. 예수의 보혈로 인해 모든 죄가 용서받은 이때 우리가 그 사랑과 아버지의 인내에 감격하여 하는 진정한 회개를 원하신다.

성경 어디에도 죄인이 먼저 와서 하나님께 회개함으로 받아들여진 적이 없다. 성경은 하나님께서 우리가 죄인 되었을 때 그저 받아들여 주심으로 그 사랑에 감격하여 회개하는 장면들로 넘쳐난다.

우리에게는 바로 이 복음으로서의 회개가 필요하다. 이런 회개가 없다면 우리는 아직도 율법에 근거하여 살아가는 율법주의자에 불과하다. 하나님 아버지의 사랑과 은혜 때문에 하는 회개가 있어야 한다.

10. 밭에서 일하다 들어온 큰 아들은 아버지와 기쁨을 함께 하지 못하고 있다(29,30절). 그 이유가 무엇일까? 우리가 잃은 자를 다시 찾는 기쁨을 함께 가지려면 어떻게 해야 할지 나누어 보라(32절).

말씀 살피기 |

아버지께 대답하여 이르되 내가 여러 해 아버지를 섬겨 명을 어김이 없거늘 내게는 염소 새끼라도 주어 나와 내 벗으로 즐기게 하신 일이 없더니(눅 15:29)

아버지의 살림을 창녀들과 함께 삼켜 버린 이 아들이 돌아오매 이를 위하여 살진 송아지를 잡으셨나이다(눅 15:30)

이 네 동생은 죽었다가 살아났으며 내가 잃었다가 얻었기로 우리가 즐거워하고 기뻐하는 것이 마땅하다 하니라(눅 15:32)

인도자 가이드 |

큰 아들은 이 아버지의 기쁨을 가지고 있지 못하다. 그 이유는 여전히 사람을 율법의 지킴으로 판단하고 있기 때문이다. 이런 그에게 아버지는 함께 즐거워하고 기뻐하는 것이 마땅하다고 말한다. 우리가 이런 잃은 자를 다시 찾은 기쁨을 가지려면 잃은 자에 대한 아버지의 슬픔을 먼저 헤아려야 한다.

11. 이 세상에는 하나님 아버지가 잃어버린 아들들이 많다. 그들에 대한 당신의 마음은 어떤가? 왜 우리에게는 잃은 자에 대한 아버지의 슬픔이 없는 것일까?

인도자 가이드 |

우리의 삶이 율법에 맞춰져 있기 때문에 우리의 기쁨과 슬픔은 '율법을 지키고 안 지키고'에 있을지 모른다. 큐티를 더 하면 기쁘고, 기도를 덜 하면 슬픈 삶은 결코 아버지의 마음을 헤아릴 수 없다. 우리는 항상 하나님 아버지가 나를 얼마나 사랑하시나를 생각하며 살아야 한다. 이걸 잃어버리는 순간 우리는 내가 사랑하는 것을 위해 살게 된다. 잃은 자들에 대한 하나님 아버지의 마음을 가지려면 우리는 항상 하나님께서 나를 얼마나, 어떻게 사랑하셨는지를 기억하고 사는 삶을 살아야 한다.

|다짐하기|

12. 잃은 자에 대한 아버지의 슬픔과 다시 찾은 아버지의 기쁨을 함께 하기 위해 내가 할 수 있는 일은 구체적으로 무엇인지 결단하고 나누어 보라.

인도자 가이드 |

성실한 종교 생활이 아니라 인격적인 아버지와의 사귐이 있어야 한다. 성경을 몇 장 읽고, 기도를 몇 분 하는 생활 패턴에서 하나님과의 진정한 인격적 사귐과 교제가 있을 수 있도록 하는 노력이 필요하다. 더욱 말씀을 깊이 읽고, 기도를 보다 인격적으로 하는 연습, 늘 하나님과 대화하고 그분의 뜻에 따라 살기를 원하는 노력들 하나하나가 모여서 그분과의 인격적인 사귐이 된다. 모양만 있는 신앙생활이 아닌 실제적인 사귐이 있는 신앙생활이 되도록 하는 것은 너무나 중요한 청년들의 이슈이다.

|관점 얻기|

회개의 의미

세 비유에서 계속적으로 반복되는 중요한 개념은 '회개가 무엇인가?' 하는 것이다. 우리가 생각하는 회개는 내가 뉘우치는 개념이다. 하지만 성경이 말하는 회개의 개념은 철저하게 목자가 찾아내는 개념이다. 우리가 하나님 앞에 회개했기 때문에 회개가 아니라 회개할 수 있도록 해 주셨기 때문에 회개인 것이다. 이것이 7절과 10절, 32절에 계속해서 반복된다.

잃은 양의 비유

잃은 양 한 마리를 찾으러 간 사람은 '어떤 사람'으로서 남성형으로 쓰였다. 이 사람은 누굴까? 이 비유에서 제일 중요한 단어는 "찾아다니다(포류오)"는 말이다. 이 '포류오'가 중간태로 쓰이면 그 의미가 '다른 사람이 아니라 그가 직접 찾아 나서는 것'을 강조하는 의미가 된다. 그래서 많은 신학자들은 이 사건을 예수님의 성육신 사건으로 본다. 또한 5절에 "또 찾아낸즉 즐거워 어깨에 메고"라는 구절은 유대인들에게는 익숙한 출애굽기의 미드라쉬 라바(The Midrash Rabbah)에 보면, 모세가 잃은 양을 찾아 목에 메고 기쁨으로 돌아오는 모습을 연상시킨다. 그러므로 이 비유는 당신의 잃은 백성을 찾아 영적 출애굽을 완성하신 성자 예수님을 의미하는 것이다.

잃은 드라크마의 비유

잃은 한 드라크마를 찾는 주체는 "어떤 여자"로 등장한다. 목자가 밖을 찾아 나선 것과 대조적으로 여인은 어두운 방 내면을 밝히고, 깨끗하게 하고, 찾아내는 일을 반복하는 것을 강조한다. 게다가 "찾다(제테오)"라는 단어는 하나님에 관한 지식이나 하나님의 나라, 하나님의 은혜를 찾을 때 사용하는 단어이다. 이런 역할을 하는 분은 바로 성령 하나님이시다. 성령에 대한 첫 번째 언급은 창세기 1장 2절에서 '수면에 운행하셨던 하나님의 신'이라는 여성형으로 쓰인 점을 볼 때 신학자들은 이 여인이 성령 하나님을 의미한다는 교부들의 해석을 지지하고 있다.

잃은 아들과 Qetsatsah(케삿사) 의식

둘째 아들이 "이에 스스로 돌이켜"라는 말은 스스로 회개했다는 말이 아니라 자신의 비참한 모습을 보게 되었다는 의미다. 18,19절의 말은 출애굽기 10장에서 바로가 아홉 번째 재앙 후에 모세에게 한 "내가 너희의 하나님 여호와와 너희에게 죄를 지었으니 바라건대 이번만 나의 죄를 용서하라"는 말과 동일한 말이다. 이것이 진실한 회개라면 앞에서 계속적으로 강조하고 있는 회개의 개념과 충돌이 생긴다.
아들이 진실한 뉘우침 없이 이렇게 결심한 것은 '케삿사(Qetsatsah)' 의식 때문이다. 탈무드에 보면, 유대인들이 가족의 유산을 이방인들의 손에 내어준 소년을 벌하는 의식이 나오는데, 그것을 '케삿사(qetsatsah) 의식'이라고 한다. 이 소년이 고향으로 돌아오자 마을 사람들은 마을 어귀에서 태운 콩과 태운 옥수수를 가득 채운 커다란 항아리를 가지고 와서는 그 앞에서 깨어버리고, '아무개는 그의 백성으로부터 영원히 끊어졌다'라고 외친다. 그리고는 그와 접촉은 커녕 상종도 하지 않았고 심한 경우에는 돌로 쳐 죽이기도 했다. 둘째 아들은 본능적으로 이제 아버지께로 돌아가면 그 케샷사 의식을 피할 수 없다는 걸 안다. 그래서 아버지의 마음을 돌이킬 미봉책으로 18,19절의 말을 준비하고 내키지는 않았지만 고향으로 향했던 것이다.

잃은 것을 다시 찾는 기쁨

아들의 진정한 회개의 고백은 아버지의 사랑과 환대를 받고 고백한 21절이다. 그런 아들을 보며 아버지는 잔치를 배설하는 이유를 선포하신다. 그것은 아들이 죽었다가 다시 살아났으며 잃었다가 다시 얻었기 때문이다(24절). 결국 회개란 아버지가 우리를 찾으시는 것이다. 이 세 번째 비유의 주체는 바로 성부 하나님을 나타낸다. 세 비유는 성자, 성령, 성부 하나님의 잃은 영혼에 대한 뜨거운 사랑과 그 찾음의 기쁨을 말하고 있다.

우리에게 잃은 영혼을 다시 찾아 기뻐하시는 하나님 아버지의 마음이 없는 이유는 하늘 아버지가 나를 다시 찾기 위해 당신의 아들을 잃는 처절한 슬픔을 지불하셨다는 사실을 망각하고 살기 때문이다. 그래서 잃은 영혼을 다시 찾은 아버지의 기쁨과 감격이 우리 속에 없는 것이다. 우리는 하늘 아버지의 슬픔을 알아야 한다. 그래야 그분의 기쁨을 알 수 있다.

|청년 자기 체크리스트|

아래의 체크리스트를 가지고 오늘 소그룹 모임에 임한 자신의 태도를 충분히 점검해 보라.

	점검 사항	5	4	3	2	1
준비 및 예습	본 과를 준비하면서 충분히 예습은 하였는가?					
	각 과의 분명한 목적은 알고 모임에 임했는가?					
	성령께서 나를 만지시도록 기도로 준비하였는가?					
	소그룹원들을 위해서 중보하였는가?					
	리더를 위해서 중보하였는가?					
	나를 변화시키실 하나님을 기대하는 마음으로 임했는가?					
참여 및 자세	적극적으로 질문과 대답에 참여했는가?					
	정직하게 자신을 보여주었는가?					
	지체들의 이야기에 사랑의 마음으로 공감적 경청을 하였는가?					
	모임 중 성령의 인도하심을 계속적으로 구했는가?					
	하나님께서 원하시는 것이 무엇인지 분명히 알았는가?					
	발견한 진리를 삶과 인격에 적용하기로 결단했는가?					
	이번주에 중보할 지체를 발견했는가?					
적용 및 결단	자신의 적용이 삶과 인격에 변화를 가져올 만큼 구체적인가?					
	배운 내용이 삶의 상황에 분명히 적용되었는가?					
	소그룹 모임에 대한 만족감이 있었는가?					
	배운 내용을 분명하게 정리했는가?					
	이번 과의 주제와 목적을 분명히 알게 되었는가?					
	삶과 인격의 변화를 위해 기도할 준비가 되어 있는가?					
평가	이번주 총점					

"그러므로 내 사랑하는 형제들아 견실하며 흔들리지 말고 항상 주의 일에 더욱 힘쓰는 자들이 되라 이는 너희 수고가 주 안에서 헛되지 않은 줄 앎이라" (고전 15:58)

- 이번주 생일 맞은 사람은?
- 이번주 소그룹 특이 사항은?
- 다음주 행사는?
- 다음주 전도할 대상은?
- 이번 달 암송 구절과 필독서는?

8과
의로운 삶

누가복음 16장 1~13절

당신은 사람이 이 땅에서 진정으로 의로워질 수 있다고 믿는가?
아마 죄를 숨길 수는 있어도 죄를 끊을 수는 없을 것이다.
예수 믿는 사람은 틀림없이 성화되어 갈 것이지만,
죽음의 그 순간까지 우리는 죄로부터 자유할 수 없다.
이 말은 하나님 앞에서 우리는 죽는 순간까지 죄인의 모습으로
살아야 한다는 말이다.
이것이 하나님께서 원하시는 하나님 백성의 모습이다.
그렇게 살면서 우리는 하나님이 주시는 의를 옷 입는 것이다.
오늘 비유는 우리가 어떻게 의로워질 수 있는지를 말씀한다.
그것은 예수를 친구로 삼아 그분께 내 불의를 맡기는 것이다.
율법으로 의롭게 되는 것이 아니다.
예수를 친구 삼아 그분께 나아가는 삶,
이 위대한 삶에 우리의 전인격을 담아보도록 하자.

말씀 암송 | 로마서 5장 8절

우리가 아직 죄인 되었을 때에 그리스도께서 우리를 위하여 죽으심으로 하나님께서 우리에 대한 자기의 사랑을 확증하셨느니라

|다가서기|

1. 아래에 표기된 미래의 당신의 모습은 어떻게 되어 있을지 상상력을 가지고 이야기해보라. 그렇게 되었을 것이라고 생각한 이유는 무엇인가?

10년 뒤 20년 뒤 40년 뒤 60년 뒤

인도자 가이드 |

미래의 나의 모습은 굉장히 막연한 상황이다. 이 상황을 연출해 보면서 사람들은 자신의 지금의 모습을 보다 면밀하게 보게 된다. 그러면서 사고는 미래를 어떻게 준비해야 하는가로 자동적으로 연결된다. 이런 브레이크 타임을 통해서 미래를 준비하는 삶에 비중을 두는 삶의 필요성을 나누어보도록 하라.

2. 당신은 우리가 의로워지기 위해서 할 수 있는 일이 어떤 것이 있다고 생각하는가? 그렇게 생각하는 이유는 무엇인가?

인도자 가이드 |

여기서는 두 가지를 점검할 수 있다. 각 개인이 생각하는 의로움이란 무엇인지와 어떻게 의로워질 수 있는지에 대해서다. 하지만 성경은 기본적으로 우리의 힘으로는 의로워질 수 없다고 말하는데 예수를 믿은 그리스도인들 가운데는 끊임없이 자신의 힘으로 의로워지려고 하는 노력들을 한다. 그런 일련의 노력들은 의로워지기 위해서 하는 것이 아니라 예수 피로 의로워졌기 때문에 하는 것들이다. 이 질문을 통해서 자연스럽게 우리의 의로움에는 예수님이 필요함을 주지시키며 전개해 나가도록 한다.

|깊이 보기| 누가복음 16장 1~13절

불의한 청지기를 칭찬한 주인의 비유는 15,16장에 연결되어지고 있는 총 다섯 개의 비유 중에 네 번째 비유이면서 동시에 세 번째 비유와 다섯 번째 비유를 연결하는 기능을 한다. 이 비유의 핵심은 하나님과 재물이며 이 중 '하나님'은 세 번째 비유에서 더 밝히 드러나고, '재물'은 뒤에 이어지는 다섯 번째 비유에서 더 밝히 드러나는 형식을 취한다.

어떤 부자에게 청지기가 있었는데, 그가 주인의 소유를 낭비한다는 고발이 있어서 주인은 그에게 해고를 통지한다. 그러자 해고 후에 어떻게 살까를 고민하던 청지기는 주인에게 빚 진자들을 불러서 기름 100말을 빚 진자는 50말로, 밀 100석을 빚 진자는 80석으로 삭감해 준다. 당시 기름의 이자율이 100%였고 밀은 25% 정도였음을 고려하면 이 청지지가 삭감해 준 것은 전부 이자에 해당하는 금액이다. 그런데 주인은 이 사실을 듣고 오히려 그 옳지 않은 청지기를 칭찬했다는 내용이다. 그러면서 주님은 "불의의 재물로 친구를 사귀라(9절)"고 말씀하시며 하나님과 재물을 겸하여 섬길 수 없다는 교훈을 말씀하신다.

3. 이 비유는 신약에 등장하는 비유 중 가장 난해한 비유다. 하지만 예수께서 말씀하시는 바는 명확하다. 다음을 읽고 이 비유에 대한 기본 지식을 습득하도록 하라.

다섯 개의 연결된 비유 중 네 번째 •	• 불의한 청지가가 주인의 소유를 '낭비했다(디아스코리피존)'는 단어는 앞에서 둘째 아들이 아버지의 재산을 '낭비했다'는 바로 그 단어이다. 탕자와 청지기 둘 다 생명의 위협을 받았고, 아버지와 주인의 용서가 의외라는 것 등은 공통적인 요소이다. 그러므로 이 비유는 탕자의 비유와 아주 유사한 맥락에서 이해되어야 한다.
세 번째 탕자의 비유와 밀접한 연관성 •	• 탕자의 비유는 '첫째 아들과 둘째 아들'의 모습으로 대조가 되었다. 불의한 청지기의 비유도 '이 세대의 아들들과 빛의 아들들'로, 마지막 다섯 번째 비유에서도 '부자와 거지 나사로'의 모습으로 대조되고 있다. '이 세대의 아들들'은 '불의한 청지기'로 묘사되는 '세리와 죄인들'이고, '빛의 아들들'은 문맥상 제자들이 아니라 자칭 빛의 아들들이라고 생각하는 '바리새인과 서기관들'을 의미한다.
두 그룹의 대조 •	• 이 비유는 세 번째와 다섯 번째 비유를 연결한다. 15,16장에서 소개되는 모든 비유는 다 '어떤 사람에게~'라는 뜻의 '티스 구문'으로 시작된다. 이 말은 다섯 개의 비유가 같은 맥락 속에 있다는 말로 주인공은 '불의한 청지기'가 아니라 '어떤 사람'이라는 말이다.

인도자 가이드 |

불의한 청지기의 비유는 15,16장에서 소개된 다섯 개의 연결된 비유 중 네 번째로 연관성을 갖고 보아야 한다. 그렇기 때문에 세 번째 탕자의 비유와 아주 밀접한 연관성을 지니고 있다. 이 말은 탕자나 불의한 청지기가 아니라 아버지와 주인에게 포커스가 맞춰져 있다는 말이다. 또한 배경 역시 탕자의 비유와 같이 세리와 죄인들이 예수께 가까이 나아오는 것을 보고 수군거리는 바리새인과 서기관들을 대상으로 한 말씀이다. 그렇기 때문에 불의한 청지기의 비유는 탕자의 비유에서 첫째 아들과 둘째 아들이 대조가 된 것처럼 세리와 죄인들 그룹과 바리새인과 서기관 그룹을 대조하고 있는 전제로 보아야 한다. 곧 '이 세대의 아들들과 빛의 아들들'로, 마지막 다섯 번째 비유에서는 '부자와 거지 나사로'의 모습으로 대조하고 있는 것이다.

4. 주인은 자신에게 손해를 보게 하는 옳지 않은 청지기를 결과적으로 칭찬했다. 그 이유가 무엇인지 8절 말씀을 읽고 답해 보라(8절, 마25:1,2).

말씀 살피기 |

주인이 이 옳지 않은 청지기가 일을 지혜 있게 하였으므로 칭찬하였으니 이 세대의 아들들이 자기 시대에 있어서는 빛의 아들들보다 더 지혜로움이니라(눅 16:8)

그때에 천국은 마치 등을 들고 신랑을 맞으러 나간 열 처녀와 같다 하리니(마 25:1)

그 중의 다섯은 미련하고 다섯은 슬기 있는 자라(마 25:2)

인도자 가이드 |

주인이 청지기를 칭찬한 이유는 '일을 지혜있게 하였기 때문'이다. 여기서 '지혜롭다'는 말은 '종말을 사는 지혜'를 말한다. 그래서 마태복음 25장에서는 신랑을 기다리는 처녀에게 사용되었다. 바꿔 말하면 우리가 종말에 심판대 앞에 서기 전에 우리도 우리의 심판을 대비해야 한다는 교훈의 기능을 한다는 것이다. 앞에서도 말했듯이 '이 세대의 아들들'은 소위 죄인으로 취급당하는 세리와 죄인들을 말하고, '빛의 아들들'은 자칭 빛의 아들들이라고 하는 바리새인과 서기관들을 말한다.

5. 9절에서 말하는 '불의의 재물'이란 구체적으로 무엇을 말하는지 생각해 보라(9절).

말씀 살피기 |

내가 너희에게 말하노니 불의의 재물로 친구를 사귀라 그리하면 그 재물이 없어질 때에 그들이 너희를 영주할 처소로 영접하리라(눅 16:9)

인도자 가이드 |

'불의(아디키아)'는 이 비유에서 무려 네 번이나 반복되며 불의한 청지기가 한 행동을 가리킨다. 불의의 재물은 재물이 불의하다는 말이 아니라 불의한 자로 지칭되는 자들이 가진 재물을 말한다. 이것은 당시 바리새인들이 계속해서 불의한 자들로 여겼던, 이를테면 세리들과 같은 자들의 재물을 말하는 것이다. 이 비유는 세리와 죄인들이 예수께로 나아오는 것을 수군거리고 불평하는 바리새인과 서기관들을 대상으로 말씀하고 계심을 유념해야 한다.

6. 9절에서 말하는 '친구를 사귀라'는 말은 어떤 의미인지 묵상해 보라(9절, 눅7장34,35절).

말씀 살피기 |

내가 너희에게 말하노니 불의의 재물로 친구를 사귀라 그리하면 그 재물이 없어

질 때에 그들이 너희를 영주할 처소로 영접하리라(눅 16:9)

인자는 와서 먹고 마시매 너희 말이 보라 먹기를 탐하고 포도주를 즐기는 사람이요 세리와 죄인의 친구로다 하니 지혜는 자기의 모든 자녀로 인하여 옳다 함을 얻느니라(눅 7:34,35)

인도자 가이드 |

여기서 친구란 바로 '세리와 죄인의 친구'라는 별명을 가진 예수님을 지칭한다. 누가복음 7장 34,35절에서 예수님은 세리와 죄인들의 친구로 소개되면서, 본문 8,9절에서 말하는 지혜와 친구의 개념이 그대로 등장한다. 9절에도 보면 친구가 하는 역할을 '너희를 영주할 처소로 영접하는 것'이라고 정의한다. 그러므로 이 친구는 우리를 영원히 거할 처소로 인도하실 예수님을 의미하는 것이다.

7. 5,6번의 해석을 토대로 9절에서 말씀하시는 "불의의 재물로 친구를 사귀라"는 말의 의미를 해석해 보라(9절).

말씀 살피기 |

내가 너희에게 말하노니 불의의 재물로 친구를 사귀라 그리하면 그 재물이 없어 질 때에 그들이 너희를 영주할 처소로 영접하리라(눅 16:9)

인도자 가이드 |

여기서 말하는 '불의의 재물'은 당시 불의한 자들로 치부 당하던 세리와 죄인들이 가진 재물을 말한다. '지혜롭다'는 개념은 종말적 관점으로, 종말을 준비하는 청지기의 자세가 지혜롭다는 말이다. 그리고 '친구'는 바로 우리를 영주할 처소로 인도하실 예수님을 의미한다. 그러므로 "불의한 재물로 친구를 사귀라"는 말은 불의한 자로 치부당한 자가 자신의 노력으로 의를 획득하려고 하지 말고, 오히려 그들의 친구가 되어주신 예수님께 불의함을 가지고 나아옴으로 의를 획득하라는 뜻이다. 이것이 바로 미래를 준비하는 지혜라는 것이다. 우리의 불의함을 가지고 주님께 나아옴으로 영생을 준비하라는 말이다.

8. 이 청지기를 불의하다고 고발한 것은 바로 율법이다(1절). 율법은 지금도 우리를 불의하다고 하나님께 고발한다. 우리는 결코 그 율법으로는 의롭다함을 받을 수 없다. 오늘의 비유는 우리가 어떻게 의롭다함을 얻을 수 있다고 말하는가? 자신의 말로 설명해 보라(9절).

말씀 살피기 |

또한 제자들에게 이르시되 어떤 부자에게 청지기가 있는데 그가 주인의 소유를 낭비한다는 말이 그 주인에게 들린지라(눅 16:1)

내가 너희에게 말하노니 불의의 재물로 친구를 사귀라 그리하면 그 재물이 없어질 때에 그들이 너희를 영주할 처소로 영접하리라(눅 16:9)

인도자 가이드 |

율법은 계속해서 우리를 고발한다. 그래서 율법 때문에 우리는 영원히 불의할 수 밖에 없다. 청지기가 칭찬을 들은 이유는 율법으로 의를 획득하려고 하지 않고 여전히 불의한 모습이지만 그 모습 그대로 주인의 처분, 주인의 심판에 그의 인생을 걸었기 때문이다. 청지기는 스스로 불의함을 인정하며 참 친구 되신, 우리를 영주할 처소로 인도하실 예수님께 나아 온 것이다. 그래서 칭찬을 하신 것이다. 우리는 율법으로 의롭게 되는 것이 아니라 불의한 모습 그대로 주님께 나아옴으로 의롭게 되는 것이다. 이 자세가 바로 칭찬 듣는 심판을 준비하는 지혜로운 자세이다.

9. 10~12절은 불의한 주인과 참된 주인을 대조하고 있다. 관계 있는 것끼리 연결하여 그 대조를 정리해 보라. 그리고 각각은 무엇을 의미하는지 생각해 보라(10~12절).

작은 것 •	• 참된 것
불의한 것 •	• 큰 것
남의 것 •	• 너희 것

말씀 살피기 |

지극히 작은 것에 충성된 자는 큰 것에도 충성되고 지극히 작은 것에 불의한 자는 큰 것에도 불의하니라(눅 16:10)

너희가 만일 불의한 재물에도 충성하지 아니하면 누가 참된 것으로 너희에게 맡기겠느냐(눅 16:11)

너희가 만일 남의 것에 충성하지 아니하면 누가 너희의 것을 너희에게 주겠느냐 (눅 16:12)

인도자 가이드 |

원래 '맘몬'이라는 말은 '아무개를 주인으로 삼아 신뢰하는'이라는 의미를 가지고 있다. 그러므로 '재물'이란 자신이 신뢰하여 섬기는 대상을 의미하는 것이다. 이것이 10~12절에서는 '작은 것, 불의한 것, 남의 것'으로 표현되고 있다. 그리고 그 반대 개념을 '큰 것, 참된 것, 나의 것'이라고 표현한다. 맘몬이 '주인으로 삼아 신뢰하는 것'이란 의미가 있으므로 후자로 표현된 것은 바로 우리가 온전히 주인으로 삼아 신뢰하고 섬기는 분, 바로 하나님이시다.

10. 10~12절에서 두 가지 대상을 대조하는 이유는 13절에서 말한다. 두 대상을 대조하는 이유는 무엇인가?(13절)

말씀 살피기 |

집 하인이 두 주인을 섬길 수 없나니 혹 이를 미워하고 저를 사랑하거나 혹 이를 중히 여기고 저를 경히 여길 것임이니라 너희는 하나님과 재물을 겸하여 섬길 수 없느니라(눅 16:13)

인도자 가이드 |

불의한 청지기의 비유는 재물관에 대한 것이 아니라 하나님께 나아와야 한다는 사실을 탕자의 비유에 이어 계속하는 것이다. 재물관은 다섯 번째 비유에서 다룬다. 13절은 재물과 하나님 중에 하나님을 더 사랑하고 중히 여기야 한다고 말한다. 그 이유는 우리가 율법을 지켜서 의로워지는 것이 아니라 오직 예수님을 친구삼아 그분께 우리의 불의함을 그대로 가지고 나아감으로 의로워지기 때문이다. 그러므로 하나님을 사랑하고 중히 여기야 하는 것이다.

11. 당신은 재물보다 하나님을 더 사랑하고 중히 여기는가? 그 증거는 무엇인가? 만약 그렇지 못하다면 그 이유는 무엇인지 나누어 보라.

인도자 가이드 |

우리는 재물이 아니라 하나님으로 인해 의로워질 수 있다. 이 땅에서의 행복이 전부가 아니라 내세에 우리를 영원히 거할 처소로 인도하실 분이 우리에게 진정한 행복을 주시는 것이다. 그러므로 우리는 하나님을 사랑하고 중히 여겨야 한다. 우리가 이렇게 살지 못하는 이유는 아직도 미래를 정확히 인식하지 못하고 살기 때문이다. 지금은 불의할 수밖에 없다. 하지만 심판이 있음과 영생이 있음을 잊지 말아야 한다. 그래야 미래를 준비할 수 있기 때문이다.

|다짐하기|

12. 당신은 어떻게 하나님을 더 사랑하고 중히 여길 수 있다고 생각하는가? 그 구체적인 방법을 생각해 보고 그룹원들에게 자신의 방법을 나누어 보라.

인도자 가이드 |

하나님을 더 사랑하고 중히 여기는 방법은 항상 그분께 시간의 우선순위를 두는 것이고 가장 가치 있는 일로 여기서 소중하게 그분과의 사귐을 행하는 것이다. 기도하고, 말씀을 묵상하는 것, 그분을 예배하는 것을 알바하는 것이나 친구를 만나는 것, 시험을 치는 것보다 소중하게 생각하는 것이다. 그 외에도 다양하고 구체적인 방법이 있을 것이다. 그것을 서로 나누며 서로에게 보태주는 시간을 가지라.

13. 당신이 진정으로 의로워질 수 있는 방법은 무엇인지 다시 한 번 정리해 보라. 이것을 아는 것은 너무나 중요한 일이다.

인도자 가이드 |

우리는 우리의 지혜나 힘이 아니라 하나님의 긍휼로 의로워질 수 있다. 하나님의 도우심이 없이는 결단코 의로운 삶을 살 수 없기 때문이다.

|관점 얻기|

비유의 특징과 전제

이 비유의 진의를 파악하기 위해서는 우선 비유의 위치와 특징을 파악하는 것이 필요하다. 첫 번째 특징은 15,16장에서 소개된 다섯 개의 연결된 비유 중 네 번째라는 사실이다. 그래서 세 번째와 다섯 번째 비유를 연결하는 기능을 한다.

두 번째 특징은 세 번째 탕자의 비유와 아주 밀접한 연관성을 지니고 있다는 점이다. 탕자도 불의한 청지기도 재산을 '낭비했다(디아스코리피존)'라고 말한다. 뿐만 아니라 둘 다 생명의 위협을 받았으며, 또 아버지와 주인의 의외의 용서를 받았다.

세 번째 특징은 탕자의 비유에서와 마찬가지로 세리와 죄인들 그룹과 바리새인과 서기관 그룹을 대조하고 있다. 탕자의 비유에서는 '첫째 아들과 둘째 아들'의 모습으로 대조가 되었고, 불의한 청지기의 비유에서는 '이 세대의 아들들과 빛의 아들들(8절)'로, 마지막 다섯 번째 비유에서는 '부자와 거지 나사로'의 모습으로 대조되고 있다. '이 세대의 아들들'은 '불의한 청지기'로 묘사되는 '세리와 죄인들'이다. '빛의 아들들'은 문맥상 제자들이 아니라 자칭 빛의 아들들이라고 생각하고 있는 '바리새인과 서기관들'을 말한다.

왜 칭찬했는가?

청지기의 모습은 끝까지 불의하다. 착하게 변화된 것이 아니다. 하지만 주인은 그를 칭찬했다. 그 이유는 그가 '지혜롭게 행했기 때문'이다(8절). 예레미아스는 이 '지혜롭다(프로니모스)'라는 단어가 늘 종말적 언어로 쓰인 점을 들어 주인의 이 칭찬은 종말적 관점에서의 이해해야 한다고 말했다. 이 말은 청지기가 종말을 사는 지혜를 드러냈기 때문에 칭찬을 받았다는 말이다.

불의의 재물로 친구를 사귀라

'불의의 재물'에서 '불의(아디키아)'는 무려 네 번이나 반복된 불의한 청지기가 한 행동을 가리킨다. 그러므로 불의의 재물은 재물이 불의하다는 말이 아니라 불의한 자로 지칭되던 자들이 가진 재물을 말한다. 이를테면 세리들과 같은 자들의 재물을 말하는 것이다. 이 비유는 바리새인과 서기관들을 대상으로 말씀하시고 계심을 유념해야 한다. 그러므로 이 불의한 재물은 불의하다고 낙인찍힌 그 당시의 죄인들이 가진 재물을 말하는 것이다. 즉 계속해서 불의하게 취급당하고 있는 '이 세대의 아들들' 즉 세리와 죄인들의 재물을 지칭하는 것이다(8절).

여기서 말하는 친구는 당시 '세리와 죄인의 친구'라는 별명을 가지신 예수님을 의미한다. 누가복음 7장 34,35절은 "인자는 와서 먹고 마시매 너희 말이 보라 먹기를 탐하고 포도주를 즐기는 사람이요 세리와 죄인의 친구로다 하니 지혜는 자기의 모든 자녀로 인하여 옳다 함을 얻느니라" 라고 말한다. 정확하게 8,9절에 등장하는 '지혜'와 '친구'의 개념이 그대로 등장한다. 이 친구는 '너희를 영주할 처소로 영접하는 사람'이라고 말한다. 우리를 영원히 거할 처소로 인도하실 분은 친구 되신 예수님 밖에 없다.

그러므로 '불의의 재물로 친구를 사귀라'는 말은 당시 불의한 자들로 치부 당하던 세리와 죄인들이 자신의 노력으로, 다시 말하면 율법으로 의를 획득하려고 하지 않고, 오히려 그들의 친구가 되어주신 예수님께 나아옴으로 의를 획득하라는 말이다. 그것이 바로 지혜라는 것이다.
청지기를 주인에게 불의하다고 고발한 자는 바로 율법이다. 이 청지기가 칭찬을 들은 이유는 율법으로 의를 획득하려고 하지 않고, 여전히 불의한 모습이지만 그 모습 그대로 주인의 처분에 인생을 걸었기 때문이다.

하나님과 재물을 겸하여 섬길 수 없다.

'재물(맘모나스)'은 원래 아람어 '맘몬'이라는 말에서 유래한 것으로 여기서 배금주의를 뜻하는 '맘모니즘'이라는 말이 나왔다. '맘몬'이라는 말은 '아무개를 주인으로 삼아 신뢰하는'이라는 의미를 가지고 있다. 그러므로 '재물'이란 자신이 신뢰하여 섬기는 대상을 의미하는 것이다. 이것이 10~12절에서는 '작은 것, 불의한 것, 남의 것'으로 표현되어지고 있는 것이다. 그 반대 개념이 '큰 것, 참된 것, 나의 것'이다. 바로 재물과 하나님을 대조하는 것이다. 13절에 "집 하인이 두 주인을 섬길 수 없나니 혹 이를 미워하고 저를 사랑하거나 혹 이를 중히 여기고 저를 경히 여길 것임이니라 너희는 하나님과 재물을 겸하여 섬길 수 없느니라"라고 말한다.
우리가 하나님을 더 사랑하고 중히 여기야 하는 이유는 율법이 우리를 계속해서 하나님 앞에서 불의한 청지기로 고발하기 때문이다. 그래서 우리는 영원히 하나님 앞에서 불의한 청지기일 수 밖에 없다. 그러므로 우리는 예수님을 친구삼아 그분께 우리의 불의함 그대로 가지고 나아가 예수님의 피로 다시 의롭다함을 받아야 한다. 전적으로 우리의 운명을 심판하실 영원한 주인 되신 그분께 맡기는 것이다. 그러므로 그분을 더욱 사랑하고 중히 여겨야 하는 것이다.

|청년 자기 체크리스트|

아래의 체크리스트를 가지고 오늘 소그룹 모임에 임한 자신의 태도를 충분히 점검해 보라.

	점검 사항	5	4	3	2	1
준비 및 예습	본 과를 준비하면서 충분히 예습은 하였는가?					
	각 과의 분명한 목적은 알고 모임에 임했는가?					
	성령께서 나를 만지시도록 기도로 준비하였는가?					
	소그룹원들을 위해서 중보하였는가?					
	리더를 위해서 중보하였는가?					
	나를 변화시키실 하나님을 기대하는 마음으로 임했는가?					
참여 및 자세	적극적으로 질문과 대답에 참여했는가?					
	정직하게 자신을 보여주었는가?					
	지체들의 이야기에 사랑의 마음으로 공감적 경청을 하였는가?					
	모임 중 성령의 인도하심을 계속적으로 구했는가?					
	하나님께서 원하시는 것이 무엇인지 분명히 알았는가?					
	발견한 진리를 삶과 인격에 적용하기로 결단했는가?					
	이번주에 중보할 지체를 발견했는가?					
적용 및 결단	자신의 적용이 삶과 인격에 변화를 가져올 만큼 구체적인가?					
	배운 내용이 삶의 상황에 분명히 적용되었는가?					
	소그룹 모임에 대한 만족감이 있었는가?					
	배운 내용을 분명하게 정리했는가?					
	이번 과의 주제와 목적을 분명히 알게 되었는가?					
	삶과 인격의 변화를 위해 기도할 준비가 되어 있는가?					
평가	이번주 총점					

"그러므로 내 사랑하는 형제들아 견실하며 흔들리지 말고 항상 주의 일에 더욱 힘쓰는 자들이 되라 이는 너희 수고가 주 안에서 헛되지 않은 줄 앎이라" (고전 15:58)

- 이번주 생일 맞은 사람은?
- 이번주 소그룹 특이 사항은?
- 다음주 행사는?
- 다음주 전도할 대상은?
- 이번 달 암송 구절과 필독서는?

9과
옮음과 높임을 얻는 삶

누가복음 16장 14~31절

누가복음 15,16장은 서로 다른 이야기가 아니다.

같은 주제를 다른 각도에서 교훈하시는 다섯 가지의 비유들로 구성되어 있다.

본문은 마지막 다섯 번째 비유로, 이 비유 역시 따로 떼어서는 이해하기가 쉽지 않다.

계속적으로 말씀해 오신 문맥상에서 이해하고 해석해야 한다.

본문을 가만히 보면 처음에는 돈 이야기를 하신다.

그 다음에는 율법, 그리고 간음에 대한 이야기를 하신다.

그 다음에 부자와 거지 나사로의 비유를 하신다.

이 모든 가르침과 비유를 어떻게 연결해야만 하는 것일까?

이 비유의 핵심은 물질관이 아니다.

율법의 완성으로서의 하나님 나라의 복음이란 무엇인지를 설명하고 있다.

도대체 이 말이 무슨 의미인지 차근차근 살펴보도록 하자.

말씀 암송 | 로마서 5장 8절

우리가 아직 죄인 되었을 때에 그리스도께서 우리를 위하여 죽으심으로 하나님께서 우리에 대한 자기의 사랑을 확증하셨느니라

|다가서기||

1. 자신이 알고 있는 세계에서 가장 비싼 여행 장소는 어디인가? 그리고 지금 내가 그곳에 여행을 가려고 한다면, 비용 마련은 어떻게 할 수 있을지 나누어 보라.

인도자 가이드 |

사실 우리가 죽기 전에 가고 싶은 곳은 우리의 힘이나 재정적인 능력, 현재의 상황으로는 갈 수 없는 곳이 대부분이다. 누군가의 도움이 필요하다. 자신의 계획을 잘 세워서 갈 수는 있겠지만, 대부분은 그렇지 못할 것이라는 사실을 주지시킨다. 아버지나 돈 많은 재력가의 도움이 없이는 불가능하다. 마찬가지로 사실은 천국도 우리의 힘으로 갈 수 있는 곳이 못된다는 사실을 조심스럽게 끄집어 낸다.

2. 당신은 믿음으로 천국에 간다고 생각하는가? 하나님의 은혜로 천국에 간다고 생각하는가? 이 두 가지 관점의 중요한 차이점을 생각해 보고 나누어 보라.

인도자 가이드 |

우리는 흔히 '믿음으로 천국 간다'고 말한다. 하지만 엄밀하게 말하면 하나님의 은혜로 가는 것이다. 하나님의 은혜로 인해 우리가 믿게 되기 때문이다. 자칫하면 전자는 우리의 힘으로 갈 수 있다는 여지를 주지만, 후자는 철저하게 우리의 힘이 아닌 하나님의 긍휼로만 갈 수 있음을 시사하는 말이다. 우리의 공로로 가는 것이 아니라 하나님의 선하심 때문에 천국에 가는 것이다.

|깊이 보기| 누가복음 16장 14~31절

이 비유는 돈에 대해 비웃는 바리새인들에게 하나님 나라의 복음(16절)을 설명하시는 내용이다(14절). 더불어 이혼에 관한 율법을 다루시며 부자와 거지 나사로의 비유를 말씀하신다. 바리새인들이 예수님을 비웃은 이유는 당시 유대인들은 율법을 잘 지키면 하나님께서 재물을 축복으로 주신다고 믿었는데, 돈 한 푼 없는 젊은 랍비 하나가 하나님을 잘 섬기는 것과 물질의 축복을 받는 것은 별개라고 말했기 때문이다. 유대인들의 옳고 높음의 기준이 바로 돈이었던 것이다(15절). 그 이면에는 율법을 지키는 것이 하나님 나라에서 옳고 높음의 기준이라는 생각이 있었다.

그런 그들에게 예수님은 하나님 나라의 복음이 전해진 뒤에는 율법이 아니라 복음이 옳음과 높음의 기준이라고 말씀하신다. 그렇다고 율법이 폐기처분되는 것은 아니며 그 예로 '이혼에 관한 규례'를 말씀하신 것이다. 그 이유는 당시 율법 논쟁의 핵심 이슈가 힐렐 학파와 삼마이 학파 사이에 있었던 '이혼 규례'였기 때문이다. 예수님은 하나님 나라의 복음은 율법을 폐기하는 것이 아니라 오히려 성취하는 것이라는 점을 말씀하신다.

3. 바리새인들이 비웃은 이유는 무엇인가?(13,14절) 그 이면에 깔린 생각은 무엇이라고 생각하는가?

말씀 살피기 |

집 하인이 두 주인을 섬길 수 없나니 혹 이를 미워하고 저를 사랑하거나 혹 이를 중히 여기고 저를 경히 여길 것임이니라 너희는 하나님과 재물을 겸하여 섬길 수 없느니라(눅 16:13)

바리새인들은 돈을 좋아하는 자들이라 이 모든 것을 듣고 비웃거늘(눅 16:14)

인도자 가이드 |

바리새인들이 예수님을 비웃은 이유는 하나님과 재물을 겸하여 섬길 수 없다고 했기 때문이다. 그 이유는 당시 바리새인들은 하나님을 잘 섬기면 물질도 풍요하게 된다고 하는 사고가 있었기 때문이다. 실제로 이스라엘 조상들인 아브라함, 이삭, 야곱 등은 전부 부자였다. 그런데 돈 한 푼 없는 예수님께서 하나님을 잘 섬기는 것과 물질의 많음은 별개의 문제라고 말씀하시자 비웃었던 것이다. 이런 사고방식의 이면에는 율법을 잘 지키면 하나님께서 축복해 주신다는 관념이 있는 것이다.

4. 예수님께서는 바리새인들의 생각을 '너희들의 옳고 높음의 기준'이라고 말씀하신다(15절). 바리새인들이 생각하는 옳고 높음의 기준은 구체적으로 무엇이며(14절), 하나님은 그것을 어떻게 생각하신다고 말씀하시는가?(15절)

말씀 살피기 |

바리새인들은 돈을 좋아하는 자들이라 이 모든 것을 듣고 비웃거늘(눅 16:14)

예수께서 이르시되 너희는 사람 앞에서 스스로 옳다 하는 자들이나 너희 마음을 하나님께서 아시나니 사람 중에 높임을 받는 그것은 하나님 앞에 미움을 받는 것이니라(눅 16:15)

인도자 가이드 |

바리새인들이 생각하는 옳고 높음의 기준은 바로 14절에서 말하는 돈의 많음이다. 율법을 잘 지키면 하나님께서 물질의 복을 주신다는 것이다. 그래서 바리새인들에게는 돈의 많음이 하나님이 축복하신 증거이며, 따라서 율법이 그들의 옳고 높음의 기준이 되는 것이다. 하지만 하나님은 그것을 미워하신다고 말씀하신다. 여기서 미워하다는 말은 '싫어하다'가 아니라 우상숭배를 가리키는 말로 가증스럽게 여기고, 혐오한다는 의미이다.

5. 예수님은 바리새인들에게 이제는 옳고 높음의 기준이 바뀌었다고 말씀하신다(16절). 그 기준이 무엇이라고 말씀하시는가? 이 기준의 특징은 무엇이며(17절), 그 예로 어떤 규례를 말씀하고 계시는가?(18절)

말씀 살피기 |

율법과 선지자는 요한의 때까지요 그 후부터는 하나님 나라의 복음이 전파되어 사람마다 그리로 침입하느니라(눅 16:16)

그러나 율법의 한 획이 떨어짐보다 천지가 없어짐이 쉬우리라(눅 16:17)

무릇 자기 아내를 버리고 다른 데 장가 드는 자도 간음함이요 무릇 버림당한 여자에게 장가드는 자도 간음함이니라(눅 16:18)

인도자 가이드 |

세례 요한의 때까지만 옳고 높음의 기준이 율법이었고 이제는 율법이 아니라 하나님 나라의 복음이 그 기준이 된다고 말씀하신다. 더 이상 바리새인의 그러한 모습을 원하지 않으신다는 말씀이다. 하지만 그 기준의 특징은 율법이 폐기 처분되는 것이 아니라 그대로 유효하다고 17절에서 말씀하신다. 그리고 그 예로 이혼 규례를 말씀하고 계신다. 복음이 전파된 이후에도 율법의 정신은 그대로 살아 있다는 말씀의 실례를 18절에 '이혼에 관한 규례'로 말씀하신 것이다.

6. 앞에서 공부한 배경을 근거로 볼 때, 부자와 거지 나사로의 비유는 율법의 폐기가 아니라 율법의 성취라는 관점에서 어떻게 옳음과 높임을 받을 것인가를 설명하신 비유이다. 이 비유에 등장하는 부자와 거지 나사로의 죽기 전 상황과 죽은 후의 상황을 비교하여 설명해 보라(19~23절).

	부자	거지 나사로
죽기 전	부자가 입은 '자색 옷과 고운 베옷'은 높은 지위에 있는 사람이 입는 겉옷과 속옷이고 '날마다 호화롭게 즐겼다'라는 말은 세속적 즐거움, 악한 환희 등을 말하는 부정적 개념의 즐거움이다(19절).	거지라는 말은 명사가 아니라 '거지 신세로 전락한'이라는 의미의 형용사로 과거에는 그렇지 않았다는 말이다. 이 거지는 종기와 고름이 있는 피부병을 앓고 있었고 누군가에 의해 부자의 대문 앞에 던져졌다. 부자의 상에서 떨어지는 것을 먹으려 했지만 개들이 헌데를 핥는 비참한 삶 그 자체였다. '나사로'라는 이름의 뜻이 '하나님이 돕는 자'라는 것을 감안할 때 그는 신실하게 하나님을 믿었던 사람이었다.
죽은 후	부자는 죽어 음부에서 고통당하고 있다.	나사로는 죽어 아브라함의 품에 들어갔다. 아브라함의 품은 하나님 나라의 구약적 표현이다.

말씀 살피기 |

한 부자가 있어 자색 옷과 고운 베옷을 입고 날마다 호화롭게 즐기더라(눅 16:19)

그런데 나사로라 이름하는 한 거지가 헌데 투성이로 그의 대문 앞에 버려진 채(눅 16:20)

그 부자의 상에서 떨어지는 것으로 배불리려 하매 심지어 개들이 와서 그 헌데를 핥더라(눅 16:21)

이에 그 거지가 죽어 천사들에게 받들려 아브라함의 품에 들어가고 부자도 죽어 장사되매(눅 16:22)

그가 음부에서 고통 중에 눈을 들어 멀리 아브라함과 그의 품에 있는 나사로를 보고(눅 16:23)

7. 부자가 아브라함에게 한 말을 보면 지옥에 있으면서도 아직까지 깨닫지 못하는 것 두 가지를 발견할 수 있다. 그것은 무엇이라고 생각하는가?(24절)

말씀 살피기 |

불러 이르되 아버지 아브라함이여 나를 긍휼히 여기사 나사로를 보내어 그 손가락 끝에 물을 찍어 내 혀를 서늘하게 하소서 내가 이 불꽃 가운데서 괴로워하나이다(눅 16:24)

인도자 가이드 |

이미 지옥에 간 부자는 첫째, 아직도 아브라함을 자신의 아버지로 생각하고 있다. 끝까지 혈통적 신앙을 가지고 있는 것이다. 둘째, 아직도 나사로를 자신의 종으로 생각하여 자신에게 보내어 물을 좀 찍어 달라고 말하고 있다.

8. 이 비유는 '나사로'라는 이름이 말해주듯이 예수님의 부활 사건을 염두에 둔 사건이다. 그렇기 때문에 이 비유의 핵심은 물질관을

다루는 것이 아니다. 29,31절 말씀을 보고 이 비유의 핵심이 무엇인지 말해 보라(29,31절).

말씀 살피기 |

아브라함이 이르되 그들에게 모세와 선지자들이 있으니 그들에게 들을지니라(눅 16:29)

이르되 모세와 선지자들에게 듣지 아니하면 비록 죽은 자 가운데서 살아나는 자가 있을지라도 권함을 받지 아니하리라 하였다 하시니라(눅 16:31)

인도자 가이드 |

핵심은 항상 문맥 속에서 반복되어 강조되는 것으로 29,31절에서 반복이 드러난다. 그러므로 강조되고 있는 것은 물질의 바른 사용이 아니다. 핵심은 모세와 선지자들로 대변되어지는 기록된 율법, 곧 말씀을 듣지 않으면 비록 죽은 자 가운데서 살아나는 자가 있어도 그의 권함을 받지 않을 것이라는 점이며 말씀을 들어야 한다는 것이다. 하지만 그들의 돈과 이혼의 규례를 볼 때 말씀을 곡해했다. 그러니 죽은 자 가운데서 살아나는 자 예수가 말해도 듣지를 못한다는 뜻이다.

9. 예수님은 그들이 말씀을 곡해한 예를 두 가지, 돈과 이혼의 문제로 들고 있다. 이들은 돈(13,14절)과 결혼(18절)의 문제를 어떻게 곡해하였는가? 당신은 하나님의 말씀으로 물질과 이성 문제를 보고 있는가? 혹시 하나님의 말씀을 곡해하고 있다면 그 이유는 무엇인지 말해 보라.

말씀 살피기 |

집 하인이 두 주인을 섬길 수 없나니 혹 이를 미워하고 저를 사랑하거나 혹 이를 중히 여기고 저를 경히 여길 것임이니라 너희는 하나님과 재물을 겸하여 섬길 수 없느니라(눅 16:13)

바리새인들은 돈을 좋아하는 자들이라 이 모든 것을 듣고 비웃거늘(눅 16:14)

무릇 자기 아내를 버리고 다른 데 장가 드는 자도 간음함이요 무릇 버림당한 여자에게 장가드는 자도 간음함이니라(눅 16:18)

인도자 가이드 |

이들은 돈은 율법, 말씀을 잘 순종하면 주시는 축복의 상징으로 보았다. 하지만 그 이면에는 물질의 축복을 받기 위해 하나님을 섬겼던 마음이 있었다. 그래서 주님은 재물과 하나님을 겸하여 섬길 수 없다고 말씀하신 것이다. 또한 결혼에 대한 부분도 자신이 원하는 대로 곡해하여 진정한 결혼의 의미를 이해하지 못했고, 이런 말씀의 곡해는 메시아에 대한 곡해로 이어졌다. 그래서 죽은 자 가운데서 다시 살아나는 자 예수님을 보지 못했고, 그래서 그들은 메시아의 말씀까지도 곡해하게 된 것이다.

10. 누구도 모세와 선지자들의 율법을 행함으로는 옳음과 높임을 얻을 수 없다. 오직 하나님의 도우심을 얻는 자만이 옳음과 높임을 얻을 수 있다. 당신은 이 하나님의 도우심이 무엇이라고 생각하는가?(16절, 히 13:12)

말씀 살피기 |

율법과 선지자는 요한의 때까지요 그 후부터는 하나님 나라의 복음이 전파되어 사람마다 그리로 침입하느니라(눅 16:16)

그러므로 예수도 자기 피로써 백성을 거룩하게 하려고 성문 밖에서 고난을 받으셨느니라(히 13:12)

인도자 가이드 |

이 비유의 핵심은 하나님의 도우심으로만 하나님 나라에 들어갈 수 있다는 것이고 그 도우심은 복음이며, 예수 그리스도의 죽으심과 부활이다. 우리는 율법을 지킴으로 천국에 들어가는 것이 아니라, 하나님의 도우심으로만 천국에 들어갈 수 있음을 잊지 않고 살아야 한다. 그래야 겸손할 수 있고, 평생을 하나님의 영광과 도우심만 드러내며 살 수 있는 것이다.

11. 하나님 나라에서 옳음과 높임을 얻는 방법은 오직 하나님의 긍휼을 입는 것 뿐이다. 당신은 정말 하나님의 도우심을 힘입어 살고 있는가? 그렇게 살지 못한다면 그 이유는 무엇인가?(갈 2:20)

말씀 살피기 |

내가 그리스도와 함께 십자가에 못 박혔나니 그런즉 이제는 내가 사는 것이 아니요 오직 내 안에 그리스도께서 사시는 것이라 이제 내가 육체 가운데 사는 것은 나를 사랑하사 나를 위하여 자기 자신을 버리신 하나님의 아들을 믿는 믿음 안에서 사는 것이라(갈 2:20)

인도자 가이드 |

하나님 나라에서 옳음과 높임을 받는 것은 우리의 힘이 아니라 전적인 하나님의 도우심으로만 가능한 것이다. 도우심을 힘입어 살아간다는 것은 내가 아무것도 아니라는 사실을 인정하는 것으로부터 시작된다. 나는 그리스도 안에서 죽고 내 안에 오직 예수만 살고 계신다는 인식 없이는 전적인 그분의 도우심으로 사는 삶이란 불가능하다. 여전히 내 속에 내가 할 수 있다고 생각되는 여지가 있는 한 우리는 그분의 긍휼을 입을 수 없음을 기억하고, 매일의 삶 속에서 그분의 도우심을 구하고 의지하는 습관이 필요하다.

|다짐하기||

12. 자신의 하루 시간표를 '내 힘과 능력으로 사는 시간'과 '주의 도우심으로 사는 시간'으로 구분해서 작성해 보라. 그리고 '내 힘과 능력으로 사는 시간'을 어떻게 '주의 도우심으로 사는 시간'으로 바꿀 수 있을지 생각해보라.

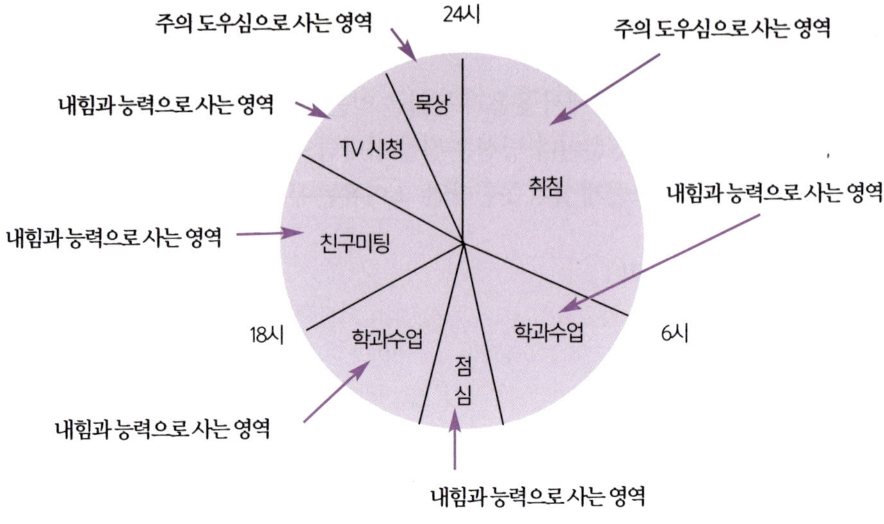

내 힘과 능력으로 사는 영역	주의 도우심으로 사는 영역(How)
학과 수업	수업 시간 시작 전에 기도함으로 시작하고, 과목 선택도 기도함으로 한다.
친구 미팅	친구를 만남을 영적 교제와 전도를 위한 목적으로 돌린다.
TV 시청	다른 영적인 성숙과 쉼을 위한 시간으로 대처한다.
식사 시간	감사함으로 기도하고, 믿지 않는 친구들을 전도할 목적으로 사용한다.

인도자 가이드 |

하나님의 도우심으로 살아가는 방법은 결국 내 의식 속에서부터 하나님의 긍휼을 구하는 자세가 있어야 한다. 매일의 삶 속에서 하나님의 말씀을 읽고, 묵상하고, 그 어떤 것보다 하나님의 말씀을 우선순위에 두는 삶, 시간을 정해 두지 않고 늘 그분과 대화하고 사귐의 삶을 사는 것 등이 구체적인 방법이라 할 수 있겠다. 그분 없이는 한 시도 바로 설 수 없음을 인정하는 삶을 살아야 한다.

|관점 얻기|

옳음과 높임의 기준과 이혼 규례

15절에서 말하는 바리새인들의 옳고, 높음의 기준은 '돈의 많음'이다. 그 이면에는 율법을 지키는 것이 축복이 된다는 사고가 깔려 있다. 하지만 하나님 나라의 복음이 전해진 뒤에는 하나님이 주시는 옳음과 높음의 기준이 율법이 아니라 복음으로 바뀌었다(16절). 그러나 율법이 폐기처분되는 것은 아니며 그대로 유효하다(17절). 율법의 정신은 그대로 살아 있으며, 그 실례를 '이혼에 관한 규례'로 말씀하신다(18절).

예수님이 이혼 규례에 대해서 말씀하신 이유는 당시 유대인들 사이에 가장 보편적인 율법 논쟁이 이혼 규례였기 때문이다. 그 당시 힐렐 학파와 삼마이 학파 사이에는 '이혼 규례'에 대한 해석의 논쟁이 있었는데, 랍비 힐렐은 "이혼은 언제든지 가능한 것으로, 남자가 부인보다 더 매력적인 여인을 발견하면 바로 이혼할 수 있고 심지어 부인이 스프에 너무 많은 소금을 탄 경우에도 충분히 이혼의 사유가 된다."고 가르쳤다. 이에 반해 압비 삼마이는 "부인이 부정을 저지르는 경우만 이혼이 가능하다."고 가르쳤다. 예수님은 이혼 규례에 관한 원래의 율법 정신을 가르치심으로 하나님 나라의 복음은 율법의 폐기가 아니라 오히려 성취를 위한 것이라는 점을 분명히 하셨다.

부자와 거지 나사로의 모습

부자가 입었던 '자색 옷과 고운 베옷'은 높은 지위에 있는 사람이 입는 겉옷과 속옷이며 '날마다 호화롭게 즐겼다'는 말은 세속적 즐거움, 악한 환희 등을 말하는 부정적 개념의 즐거움이다. 그리고 여기에 등장하는 '거지'는 명사가 아니라 형용사다. 그러므로 '거지 신세로 전락한'이라는 의미로 과거에는 그렇지 않았다는 말이다. 이 거지는 종기와 고름이 있는 피부병을 앓으며 목숨의 연명을 위해 부자의 상에서 떨어지는 것을 먹으려 하면 개들이 오히려 와서 헌데를 핥는 그야말로 비참함 그 자체로 묘사되고 있다. 하지만 '나사로(하나님이 돕는 자)'라는 이름이 보여주듯이 그는 신실하게 하나님을 믿었던 사람이었다.

그런데 시간이 지나 그들은 똑같이 죽음을 맞이한다. 부자는 비싼 장례 비용을 들여 아름다운 묘실에 장사되었을 것이고 거지는 토펫(Tophet)이나 게헨나(Ghenna)로 옮겨져 쓰레기를 태울 때 함께 태워졌을 것이다. 거지는 아브라함의 품에 들어가고, 부자는 음부에 내려가서 고통하게 된다. 아브라함의 품은 하나님 나라의 구약적 표현이다.

부자는 음부에서도 혈통적 신앙으로 아브라함을 아버지라고 부르고 있다. 또한 지옥에서도 나사로를 종처럼 생각해서 24절에 나사로를 보내어 물을 좀 달라 하고, 27절에는 나사로를 보내어 자기 형제들에게 증언하게 해 달라고 불가능한 일을 부탁한다.

비유의 관점

이 비유는 두 가지 관점으로 보아야 한다. 첫째는 하나님 나라는 율법의 폐기가 아니라 완성이라는 관점에서 주어지는 것이며 그것이 바로 복음이라는 점이다. 하나님 나라의 복음은 율법 폐기가 아니라 오히려 율법 성취라는 관점에서 받아들여야 한다는 것이다.

둘째는 나사로(하나님이 돕는 자)라는 실명으로 인해 예수님의 죽음과 부활을 예표하는 역할을 한다는 점이다. 요한복음 11장에 등장하는 죽은 나사로를 살리는 사건이 예수님의 부활을 예표 하는 사건이듯, 이 거지 나사로의 비유 역시 예수님의 부활로 말미암아 하나님 나라에 들어감과 밀접한 연관이 있다.

비유의 핵심과 말씀의 곡해(曲解)

이 비유에서 강조되어 반복되고 있는 핵심은 바른 물질의 사용이 아니다. 부자가 재물을 잘못 사용해서 지옥에 간 것이 아니니다. 재물, 돈은 하나님의 율법을 잘 지킨 상징으로 등장하는 모습일 뿐이다. 이 본문에서 강조하고 있는 핵심은 '모세와 선지자들로 대변되어지는 기록된 율법, 곧 말씀을 듣지 않으면 비록 죽은 자 가운데서 살아나는 자(예수님)가 있어도 그의 권함을 받지 않을 것'이라는 점이다(29,30절). 죽은 자 가운데서 살아나는 자 예수님이 말해도 듣지를 못한다는 것이 이 비유의 핵심이다.

그들은 기록된 하나님의 말씀을 곡해해서 아브라함의 혈통이면 무조건 하나님 나라에 들어가는 것으로 착각했다. 율법을 철저하게 지키면 하나님 나라에 들어갈 수 있다고 곡해했다. 돈을 하나님의 축복의 상징으로 곡해하여 돈을 자신의 옳음과 높음의 증거로 삼았을 뿐 이웃을 돌보는데 사용하지는 않았다. 이혼도 돈의 경우와 마찬가지로 자기가 좋아하는 대로 곡해해서 결혼의 진짜 의미를 깨닫지 못했다는 것이다. 결정적으로 그들의 메시아에 대한 곡해는 결국 죽은 자 가운데서 살아나는 자로 오신 예수님의 권함조차 거절하는 지경에 가게 했다는 것이다.

하나님의 도우심

세상의 그 누구도 율법을 다 지킬 수는 없다. 그래서 율법을 지키는 삶의 방식으로는 결코 하나님께로부터 옳다함과 높임을 받을 수 없고 하나님 나라에도 결단코 들어갈 수 없다. 하지만 그들은 말씀을 곡해하며 돈을 자기 옳음과 높음의 증거로 삼았고, 이혼을 자기 기호의 선택으로 삼았다.

이 비유는 나사로가 하나님의 나라에 들어간 이유에 대해서 나사로의 특별한 노력이 불쌍한 형편 때문이라는 식으로 설명하고 있지 않다. 오로지 그는 하나님이 돕는 자였다는 소개만 하고 있다. 즉 하나님 나라에 들어갈 수 있는 자는 오로지 하나님의 도우심을 입은 자뿐이다. 이 도우심이 바로 복음이요, 예수님의 죽으심과 부활이다. 이 하나님의 도우심을 달리 표현하면 '긍휼(히, 라함)'이다. '라함'은 자궁이라는 뜻이다. 즉 하나님의 긍휼, 하나님 품 안에 거하는 자만이 하나님 나라에 들어갈 수 있다.

|청년 자기 체크리스트|

아래의 체크리스트를 가지고 오늘 소그룹 모임에 임한 자신의 태도를 충분히 점검해 보라.

	점검 사항	5	4	3	2	1
준비 및 예습	본 과를 준비하면서 충분히 예습은 하였는가?					
	각 과의 분명한 목적은 알고 모임에 임했는가?					
	성령께서 나를 만지시도록 기도로 준비하였는가?					
	소그룹원들을 위해서 중보하였는가?					
	리더를 위해서 중보하였는가?					
	나를 변화시키실 하나님을 기대하는 마음으로 임했는가?					
참여 및 자세	적극적으로 질문과 대답에 참여했는가?					
	정직하게 자신을 보여주었는가?					
	지체들의 이야기에 사랑의 마음으로 공감적 경청을 하였는가?					
	모임 중 성령의 인도하심을 계속적으로 구했는가?					
	하나님께서 원하시는 것이 무엇인지 분명히 알았는가?					
	발견한 진리를 삶과 인격에 적용하기로 결단했는가?					
	이번주에 중보할 지체를 발견했는가?					
적용 및 결단	자신의 적용이 삶과 인격에 변화를 가져올 만큼 구체적인가?					
	배운 내용이 삶의 상황에 분명히 적용되었는가?					
	소그룹 모임에 대한 만족감이 있었는가?					
	배운 내용을 분명하게 정리했는가?					
	이번 과의 주제와 목적을 분명히 알게 되었는가?					
	삶과 인격의 변화를 위해 기도할 준비가 되어 있는가?					
평가	이번주 총점					

"그러므로 내 사랑하는 형제들아 견실하며 흔들리지 말고 항상 주의 일에 더욱 힘쓰는 자들이 되라 이는 너희 수고가 주 안에서 헛되지 않은 줄 앎이라" (고전 15:58)

- 이번주 생일 맞은 사람은?
- 이번주 소그룹 특이 사항은?
- 다음주 행사는?
- 다음주 전도할 대상은?
- 이번 달 암송 구절과 필독서는?

10과
낙망하지 않는 삶

누가복음 18장 1~14절

우리의 인생은 낙망의 연속이다.

과연 인생이란 낙심을 빼면 연결이 안 되는 것일까?

당신은 세상을 믿음으로 산다는 것이 어떤 것이라고 생각하는가?

믿음으로 살면 낙심이 안 되는가?

오히려 믿음으로 살다보면 더 낙심되는 경우가 많다.

기도가 응답이 안 되서 낙심되고 때로는 하나님이 나를 왜 이렇게 모질게 대하실까 싶어서 낙심되고, 믿음으로 기적을 체험한 사람들의 간증을 들으면 난 왜 안 되나 싶어 낙심이 된다.

도대체 우리 청춘의 낙심을 어떻게 처리해야 할까?

오늘 본문은 우리들의 청춘과 뗄 레야 뗄 수 없는 낙심에 대해서 아주 중요한 교훈을 주고 있다.

말씀 암송 | 요한복음 1장 12,13절

영접하는 자 곧 그 이름을 믿는 자들에게는 하나님의 자녀가 되는 권세를 주셨으니 이는 혈통으로나 육정으로나 사람의 뜻으로 나지 아니하고 오직 하나님께로부터 난 자들이니라

|다가서기|

1. 다음의 상황들이 발생했을 때 당신은 어느 정도로 낙심하는지 그 낙심 점수를 적어 보라. 그룹원들 중에 나는 어느 정도로 낙심하는 사람인지, 그리고 그 원인은 무엇인지 서로 나누어 보라.

상황					
① 열심히 했는데 학점이 D가 나왔어요.	5	4	3	2	1
② 사랑하던 사람에게 버림받았어요.	5	4	3	2	1
③ 부모님께서 자꾸 싸우세요.	5	4	3	2	1
④ 정말 간절히 기도했는데 응답이 안되요.	5	4	3	2	1
⑤ 다른 친구와 비교 당했어요.	5	4	3	2	1

총 점 :

인도자 가이드 |

자주 낙심하게 되는 사항들이다. 어느 정도로 낙심을 하는지 5점 척도로 체크하게 해서, 내가 비교적 어느 정도의 낙심을 하는 사람인지 인지하게 하는 놀이이다. 이를 통해 낙심하는 것이 문제라는 인식을 갖도록 하고 이어서 주어지는 질문들과 학습을 통해 낙심을 해결하려는 의도를 강화할 수 있다.

2. 당신은 낙심이 찾아올 때 어떤 생각과 행동들을 하는가? 혹시 낙심을 날려버리는 비법이 있는가? 그 비법이 있다면 어떤 것인지 나누어 보라.

인도자 가이드 |

보통 낙심하게 될 때 하는 생각과 행동들은 전혀 믿음과 상관없는 행동들일 가능성이 많다. 낙심하면 어떤 문제가 있는지, 어떤 결과를 초래했고, 또 낙심해도 현실에 전혀 도움이 되지 않았던 점 등을 나누게 하라. 그리고 각자가 가지고 있는 낙심 퇴치법을 공개하게 해서, 보다 성경적인 방법을 가질 수 있도록 유도한다.

|깊이 보기| 누가복음 18장 1~14절

본문은 '불의한 재판장'의 비유와 '바리새인과 세리의 기도'라는 비유가 함께 소개되고 있다. 이 두 비유는 전혀 다른 두 개의 비유가 아니며 아주 밀접한 관계를 맺고 있는 비유이다. 그 이유는 둘 다 앞의 17장에서 말하는 '인자의 날' 즉 재림과 관련이 있는 비유들이기 때문이다. 그래서 8절 후반절에 보면 "인자가 올 때에 세상에서 믿음을 보겠느냐"라고 말씀하시는 것이다. 이런 관점과 문맥을 따라 두 비유를 해석하지 않으면 우리는 두 비유에서 각각 다른 교훈을 도출하게 된다.

3. 본문에 등장하는 '불의한 재판장의 비유'와 '바리새인과 세리의 기도의 비유'는 같은 목적을 가지고 있다. 그 목적은 두 가지가 하나라고 봐야 하는데 그것은 무엇인가?(1절)

말씀 살피기 |

예수께서 그들에게 항상 기도하고 낙심하지 말아야 할 것을 비유로 말씀하여(눅 18:1)

인도자 가이드 |

두 비유의 목적은 '항상 기도하고 낙심하지 않는 것'이다. 하지만 이 말은 두 가지가 아니라 하나이다. 즉 기도하지 않으면 낙심한다는 말이다. 그러므로 두 비유의 목적은 낙심하지 않는 방법을 말하고 있으며, 이를 위해서는 기도해야 한다는 말을 하고 있는 것이다.

4. 두 비유는 17장에서 말씀하신 교훈과 밀접한 연관을 가지고 있다. 이 두 비유에서 말하는 기도는 특히 언제 해야 하는 것이라고 말하는가?(눅 17:26~30)

말씀 살피기 |

노아의 때에 된 것과 같이 인자의 때에도 그러하리라(눅 17:26)

노아가 방주에 들어가던 날까지 사람들이 먹고 마시고 장가 들고 시집 가더니 홍수가 나서 그들을 다 멸망시켰으며(눅 17:27)

또 롯의 때와 같으리니 사람들이 먹고 마시고 사고 팔고 심고 집을 짓더니(눅 17:28)

롯이 소돔에서 나가던 날에 하늘로부터 불과 유황이 비오듯 하여 그들을 멸망시켰느니라(눅 17:29)

인자가 나타나는 날에도 이러하리라(눅 17:30)

인도자 가이드 |

두 비유는 노아의 때와 같고 롯의 때와 같은 때, 즉 말세를 말한다. 30절에서는 '인자가 나타나는 날'이라고 명시하여 다시 주님이 오실 날을 말하고 있다. 바로 오늘날 우리가 살고 있는 이 시대, 노아의 때와 롯의 때와 같이 자신의 삶에 매몰되어 하나님 나라는 전혀 중요하지 않는 시대를 살아가는 때에 필요한 기도를 말한다.

5. 불의한 재판장이 과부의 원한을 들어준 이유는 무엇인가?(4,5절)

말씀 살피기 |

그가 얼마 동안 듣지 아니하다가 후에 속으로 생각하되 내가 하나님을 두려워하지 않고 사람을 무시하나(눅 18:4)

이 과부가 나를 번거롭게 하니 내가 그 원한을 풀어 주리라 그렇지 않으면 늘 와서 나를 괴롭게 하리라 하였느니라(눅 18:5)

인도자 가이드 |

여기에 등장하는 불의한 재판장이 하나님을 두려워하지 않는 것을 미루어 볼 때 그는 이방인 재판장이다. 이 재판장이 유대인 과부의 원한을 들어준 이유는 불쌍해서가 아니라 늘 와서 자신을 괴롭히고 번거롭게 하기 때문이었다.

6. 우리는 흔히 이 비유에서 '계속해서 강청하면 응답해 주신다'라는 결론을 도출한다. 하지만 주님은 이 비유의 결론을 어떻게 내리고 계신가?(6절) 이렇게 말씀하신 이유는 무엇이라고 생각하는가?(7절)

말씀 살피기 |

주께서 또 이르시되 불의한 재판장이 말한 것을 들으라(눅 18:6)

하물며 하나님께서 그 밤낮 부르짖는 택하신 자들의 원한을 풀어 주지 아니하시겠느냐 그들에게 오래 참으시겠느냐(눅 18:7)

인도자 가이드 |

예수님이 '이 과부처럼 열심히 기도하라'고 말씀하시지 않고 '불의한 재판장의 말한 것을 들으라'고 하신 이유는 비유의 핵심이 강청 기도에 있지 않다는 말이다. 여기서 '들으라(아쿠사테)'라는 말은 그냥 들으라가 아니라 '깊이 묵상하여 그 의미를 되새겨 보라'는 의미이다. 예수님이 말씀하고 싶으신 것은 "아무것도 선한 것을 기대할 수 없는 불의한 이방인 재판장과 유대인 과부의 관계에서도 응답이 되는데, 하물며 너희 하늘 아버지이신 하나님과 너희의 관계 속에서 왜 선한 응답이 없겠느냐?"라고 하시는 것이다. 그러므로 이 비유의 핵심은 강청 기도가 아니라 하나님과 우리의 관계를 의심하지 말라는 것이다.

7. 위에서 학습한 내용을 근거로 하여 8절에서 말하는 '믿음'은 어떤 믿음인지 이야기해 보라(8절).

말씀 살피기 |

내가 너희에게 이르노니 속히 그 원한을 풀어 주시리라 그러나 인자가 올 때에 세상에서 믿음을 보겠느냐 하시니라(눅 18:8)

인도자 가이드 |

8절에서 한 번 더 말씀하시는 내용은 이 기도가 인자가 올 때 필요한 기도라는 것이다. 여기서 '믿음'이란 예수님을 믿는 믿음이 아니라 하나님을 의로우신 아버지로 믿는 믿음이다. 이런 믿음은 필연적으로 낙망하지 않는 모습으로 드러난다. 낙망하는 것은 죄다. 왜냐하면 낙심은 하나님을 우리의 기도를 듣지 않으시는 불의한 분으로 취급하는 것이 되기 때문이다. 어떠한 경우에도 낙심하지 말아야 한다. 왜냐하면 하나님이 우리 아버지가 되시기 때문이다. 이것을 놓치면 반드시 낙심한다.

8. 보통의 경우 당신은 무엇 때문에 낙심하는가? 성경에서는 우리가 낙심하는 이유를 뭐라고 말하고 있는가? 둘을 비교해 보고 정말 내가 낙심할 수 밖에 없는 성경적 대답을 찾아보라.

인도자 가이드 |

우리가 낙심하는 성경적 이유는 하나님께서 우리의 아빠 아버지가 되신다는 사실을 믿지 못하고 있기 때문이다. 정말 하나님이 나에게 좋은 것만 주시기를 원하시는 아빠인 것을 믿는다면 요청이 거절 되도 우리는 낙심하지 않을 수 있기 때문이다. 우리가 낙심하지 않으려면 바로 이 믿음, 하나님이 좋으신 나의 아빠가 되신다는 믿음을 가져야 한다.

9. '바리새인과 세리의 기도 비유'는 누구에게 한 것이며, '불의한 재판장과 과부의 비유'의 공통점은 무엇인가? 여기서 과부가 풀어달라고 했던 그 '원한(에크디케오)'은 '의로움(정의)을 베풀다'라는 의미가 있다(참고 9절, 참고 5번 문제).

말씀 살피기 |

또 자기를 의롭다고 믿고 다른 사람을 멸시하는 자들에게 이 비유로 말씀하시되 (눅 18:9)

그 도시에 한 과부가 있어 자주 그에게 가서 내 원수에 대한 나의 원한을 풀어 주소서 하되(눅 18:3)

인도자 가이드 |

이 비유는 '자신을 의롭다(에크디케오)고 믿고 다른 사람을 멸시하는 자들'에게 하신 비유다. 즉 자신을 제외한 다른 사람들을 '나머지'라고 여기는 교만한 자들이다. 이 비유와 불의한 재판장의 비유의 공통점은 '의로움(에크디케오)'에 있다. 과부의 원한(공의를 베풀어 달라)과 자신의 의로움은 같은 의미다. 그러므로 이 두 비유의 핵심 열쇠는 '기도'와 '믿음', 그리고 '의로움'을 어떻게 연결하느냐에 있다.

10. 바리새인이 자신을 의롭다고 여긴 이유가 무엇인가? 바리새인과 세리의 기도의 특징을 자신의 말로 비교 정리해 보라(11-13절).

바리새인의 기도(11,12절)	세리의 기도(13절)
서서 따로 기도한다. 다른 사람과 비교한다. "토색, 불의, 간음하지 않음을 감사" "세리와 같지 않음을 감사" "이레에 두 번씩 금식" "소득의 십일조를 드림"	멀리 서서 기도한다. 감히 눈을 들어 하늘을 쳐다보지 못한다. 다만 가슴을 치며 기도한다. "하나님이여 불쌍히 여기소서" "나는 죄인이로소이다"

인도자 가이드 |

바리새인의 기도 안에 드러나는 자신의 의로움은 율법을 지킴이다. 보통 유대인들의 기도하는 곳은 성전이 아니라 여인들의 뜰이다. 하지만 세리는 거기까지도 못가고 짐승들을 파는 이방인의 뜰에 와서 계속 그렇게 가슴을 치며 불쌍히 여겨 달라고 기도한다. 여기서 '불쌍히 여기다'는 단어는 '덮어 달라'는 말이다. 그러니까 '의로우신 하나님의 공의(justice)로 불의한 자신을 덮어달라'는 기도인 것이다.

11. 바리새인과 세리 중 누가 의롭다함을 받고 집으로 돌아갔는가? 이 말은 말세에 하나님께서 어떤 기도를 가진 사람에게 의로움을 주신다는 말인가?(14절)

말씀 살피기 |

내가 너희에게 이르노니 이에 저 바리새인이 아니고 이 사람이 의롭다 하심을 받고 그의 집으로 내려갔느니라 무릇 자기를 높이는 자는 낮아지고 자기를 낮추는 자는 높아지리라 하시니라(눅 18:14)

인도자 가이드 |

예수님은 분명하게 이 둘을 비교하시면서 자신을 의롭다고 여긴 바리새인이 아니라 자신을 의롭지 않다고 여기며 기도한 세리가 의롭다함을 받았다고 말씀하신다. 이 말은 말세에 하나님께서 바리새인적 기도를 가진 자가 아니라 세리의 기도를 가진 자에게 의로움을 주실 것이라는 말씀이다. 자신의 노력으로 의롭다함을 받는 것이 아니라 철저하게 하나님으로부터 받는 의로움을 간구하는 자가 의롭게 된다는 말이다.

12. 두 비유에서 우리는 '낙심', '기도', '믿음', 그리고 '의로움'을 연결시켜야 한다. 두 비유에서 말하는 이 네 가지 요소는 어떤 상관관계가 있는지 학습한 내용을 토대로 연결시켜 보라.

"우리가 낙 심 하는 이유는 하나님이 내 아빠 아버지라는 믿 음 이 없기 때문이다. 기 도 란 그분이 나의 아빠가 되신다는 사실을 믿음으로 하는 것이며, 나를 의롭게 하실 분은 내가 아니라 오직 아빠 하나님이시라는 사실을 믿음으로 하는 것이다. 이렇게 기도하는 자에게 말세에 의 로 움 이 주어지는 것이다."

의로움	믿음	낙심	기도

|다짐하기|

13. 본문을 정리해서 다음의 빈칸을 채워보라. 그리고 이번 한 주간 낙심하지 않고 살 수 있는 구체적인 결단을 그룹원들에게 나누어 보라.

주님은 말세에 '낙 심 하지 않는 믿 음'을 찾으신다. 이것은 항상 기 도 함으로 가능하다. 무엇을 근거로 기도해야 하는가? 우리의 끈질김이 아니라 하나님이 의로우신 우리의 아 빠 가 되신다는 믿음을 근거로 기도해야 한다. 우리의 기도는 '낙심하지 않게 해 주세요'가 아니라 '하나님의 의로우심으로 나를 덮으소서

(grant me your justice)'라는 기도여야 한다. 인 자가 오시는 그날까지 이렇게 기도해야 한다. 그래야 낙 심하지 않을 수 있다. 그러므로 우리는 주님 오시는 그날까지 하나님을 아빠로 믿고 세 리와 같이 '불쌍히 여기소서' 라고 기도를 쉬지 않을 때 낙 심하지 않을 수 있고, 하나님이 원하시는 의 로 움을 얻을 수 있다.

아빠 낙심 의로움 인자 낙심 기도 낙심 믿음 세리

인도자 가이드 |

우리가 이 땅에 살면서 낙심하지 않는 방법은 오직 하나 밖에 없다. 하나님을 나의 아빠 아버지라고 믿는 것이다. 주님이 오시는 그날까지 우리가 이 믿음을 가지고 기도하면서, '나의 의가 아니라 하나님의 의로움으로 나를 덮으소서' 라고 기도할 때 종말에도 우리는 영원히 낙심하지 않을 수 있다.

|관점 얻기|

불의한 재판장과 과부의 비유

첫 번째 비유의 목적은 '항상 기도하고 낙심하지 않도록' 하는 것이다(1절). 이 말은 노아의 때와 롯의 때와 같이 믿음이 별로 중요하지 않은 말세에 항상 기도하고 낙심하지 말아야 한다는 말씀이다(눅17장26-30절). 기도하지 않으면 반드시 낙심하게 된다.

이 비유에 등장하는 재판장은 로마에서 파견된 비유대인 관리로 유대인 과부와의 관계는 선한 것이라곤 기대할 수 없는 최악의 관계다. 하지만 이런 관계에서도 과부의 요청이 응답된다. 주님은 결론적으로 "불의한 재판장의 말한 것을 들으라"고 교훈하신다(6절). '들으라(아쿠사테)'라는 말은 '깊이 묵상하여 그 의미를 되새겨 보라'는 것이다. 이 비유는 기도의 자세가 아니라 기도의 근거에 대해 하신 말씀이다. 응답되는 기도는 기도의 자세가 아니라 근거 때문이며 기도의 근거는 하나님과 우리가 최선의 관계, 즉 아버지와 자녀의 관계라는 것이다. 속히 들어주실 것이므로 낙망하지 말고 기도하라는 것이다.

8절에서 말하는 '믿음'은 '인자가 올 때' 즉 '말세를 살아가는 우리에게 요구하시는 믿음'이다. 이 믿음은 '예수님을 믿는 믿음'이 아니라 '하나님을 의로우신 아버지로 믿는 믿음'이다. 낙심은 하나님을 우리의 기도를 듣지 않으시는 불의한 분으로 취급하는 것이다. 그러므로 믿음은 필연적으로 낙망하지 않는 모습으로 드러난다.

바리새인과 세리의 기도 비유

이 비유는 "자기를 의롭다고 믿고 다른 사람을 멸시하는 자들에게"하신 비유이다(9절). 바리새인이 자신을 의롭게 여긴 이유는 11,12절에 소개된다. 이 기도는 결국 토색하여 불의한 자로 낙인찍힌 세리와 자신을 비교한 기도로써 원어를 보면 "나는"이라는 말이 무려 5번이나 쓰인 능동태의 기도다.

반면에 세리의 기도는 수동태이다. 보통 유대인들의 기도하는 곳은 성전이 아니라 여인들의 뜰인데, 세리는 거기까지도 가지 못하고 짐승들을 파는 이방인의 뜰에 서서 계속 가슴을 치며 불쌍히 여겨 달라고만 기도한다. 여기서 '불쌍히 여기다'는 단어는 '덮어 달라'는 말로 하나님의 의로움(justice)으로 불의한 자신을 덮어달라는 기도이다. 결국 예수님은 바리새인이 아니라 세리가 의로움(justice)을 받고 내려갔다고 말씀하신다. 영원히 낙심하지 않게 된 것이다.

두 비유의 관계

두 비유의 공통점은 둘 다 '항상 기도하고 낙망하지 말아야 할 것'을 교훈하신 것이고 '의로움'을 소재로 한다는 것이다. 과부가 풀어달라고 했던 그 '원한(에크디케오)'이라는 말은 '복수하다'라는 의미와 더불어 '공의를 베풀다'라는 의미가 있다. 그래서 NIV나 LB에서는 'grant me justice'라고 번역한다. 그러므로 이 원한은 복수가 아니라 '의로움(justice)를 베풀어 달라'는 의미이다. 두 번째 비유에서도 14절에 보면 세리가 '의롭다(justice) 하심을 받고 내려갔다'고 말하고 있다. 두 비유를 해석하는 열쇠는 '낙심', '기도', '믿음'과 '의로움'이라는 네 주제를 어떻게 연결하느냐에 있다.

주님은 말세에 '낙망하지 않는 믿음'을 찾으신다. 이것은 우리의 끈질김이 아니라 좋으신 하나님이 우리의 아빠 아버지가 되신다는 믿음으로 기도할 때 가능하다. 우리가 낙심하는 이유는 하나님을 아버지로 믿지 않고 살기 때문이다. 우리의 기도는 인자가 오시는 그날까지 "낙심하지 않게 해 주세요"가 아니라 바로 "하나님의 의로우심으로 불의한 나를 덮으소서(grant me your justice)"라는 기도여야 한다. 주님은 우리에게 하나님을 아버지로 믿고, 세리와 같이 "불쌍히 여기소서"라고 기도하면 영원히 낙심하지 않을 수 있다고 말씀하신다.

|청년 자기 체크리스트|

아래의 체크리스트를 가지고 오늘 소그룹 모임에 임한 자신의 태도를 충분히 점검해 보라.

	점검 사항	5	4	3	2	1
준비 및 예습	본 과를 준비하면서 충분히 예습은 하였는가?					
	각 과의 분명한 목적은 알고 모임에 임했는가?					
	성령께서 나를 만지시도록 기도로 준비하였는가?					
	소그룹원들을 위해서 중보하였는가?					
	리더를 위해서 중보하였는가?					
	나를 변화시키실 하나님을 기대하는 마음으로 임했는가?					
참여 및 자세	적극적으로 질문과 대답에 참여했는가?					
	정직하게 자신을 보여주었는가?					
	지체들의 이야기에 사랑의 마음으로 공감적 경청을 하였는가?					
	모임 중 성령의 인도하심을 계속적으로 구했는가?					
	하나님께서 원하시는 것이 무엇인지 분명히 알았는가?					
	발견한 진리를 삶과 인격에 적용하기로 결단했는가?					
	이번주에 중보할 지체를 발견했는가?					
적용 및 결단	자신의 적용이 삶과 인격에 변화를 가져올 만큼 구체적인가?					
	배운 내용이 삶의 상황에 분명히 적용되었는가?					
	소그룹 모임에 대한 만족감이 있었는가?					
	배운 내용을 분명하게 정리했는가?					
	이번 과의 주제와 목적을 분명히 알게 되었는가?					
	삶과 인격의 변화를 위해 기도할 준비가 되어 있는가?					
평가	이번주 총점					

"그러므로 내 사랑하는 형제들아 견실하며 흔들리지 말고 항상 주의 일에 더욱 힘쓰는 자들이 되라 이는 너희 수고가 주 안에서 헛되지 않은 줄 앎이라" (고전 15:58)

- 이번주 생일 맞은 사람은?
- 이번주 소그룹 특이 사항은?
- 다음주 행사는?
- 다음주 전도할 대상은?
- 이번 달 암송 구절과 필독서는?

11과
복음으로 장사하는 삶

누가복음 19장 11~27절

우리가 뭔가를 배우면 마치 백지장과 같은 상태에서 배우는 것 같지만 사실은 그렇지 않다.
우리의 삶의 배경과 선지식, 혹은 선입관의 영향을 많이 받으면서 배우게 된다.
그래서 있는 것을 있는 그대로 배우는 능력을 길러야 한다.
본문은 우리가 잘 아는 열 므나의 비유다.
이 비유를 보면 우리는 꼭 달란트 비유를 생각한다.
거의 흡사한 비유이기 때문이다.
하지만 사실 이 비유는 달란트 비유와 그 목적이 완전히 다른 데 있다.
달란트 비유의 선지식 때문에 열 므나 비유의 정확한 의미를 간과해 버리기 쉽다.
과연 열 므나의 비유가 우리에게 주는 교훈은 무엇일까?

말씀 암송 | 요한복음 1장 12,13절

영접하는 자 곧 그 이름을 믿는 자들에게는 하나님의 자녀가 되는 권세를 주셨으니 이는 혈통으로나 육정으로나 사람의 뜻으로 나지 아니하고 오직 하나님께로부터 난 자들이니라

|다가서기|

1. 당신이 가지고 있는 것들에 값을 매겨보라. 그리고 그것으로 상대편이 가지고 있는 것들을 사라. 그리고 그것을 산 이유가 무엇인지 나누어 보라.

인도자 가이드 |

여러 가지 가치들에 값을 매겨서 이것들을 얼마나 소중하게 생각하는지 나누라. 그리고 이것을 팔아서 상대편의 어떤 것을 사고 싶은지 서로 말하면서 자신의 가치관을 나누는 시간을 가지면 된다.

2. 당신이 장차 하나님 앞에 설 때 가장 중요한 것은 무엇이라고 생각하는가?

인도자 가이드 |

각자가 생각하는 것이 다를 것이다. 믿음, 사랑, 전도한 영혼 등등……. 어쩌면 하나님 앞에 설 자신이 없다고 하는 지체들도 있을지 모른다. 모든 대답들을 아우르고 하나님 앞에서 장차 가장 소중하게 생각하여 우리가 간직해야 할 것들이 무엇인지 나누어 보라.

|깊이 보기| 누가복음 19장 11~27절

열 므나 비유는 삭개오에게 하셨던 '인자가 온 것은 잃어버린 자를 찾아 구원하려 함'이라는 말씀을 사람들이 듣고 있을 때 하신 말씀이다(11절). 그런데 사람들은 오해했다. 이제 예수님께서 예루살렘에 입성하시면 '당장 하나님 나라가 임할 줄'로 생각했다. 그래서 로마를 몰아내고 이스라엘이 독립할 줄로 생각한 것이다. 그래서 주님은 오늘 열 므나 비유를 말씀하신다. 그러므로 이 열 므나 비유에서 우리는 하나님이 주신 달란트나 은사를 썩히면 안된다는 식의 결론을 도출하면 안된다. 그보다 먼저 하나님 나라의 도래와 관련된 결론에 도달해야 한다.

3. 열 므나 비유의 내용을 자신의 말로 정리해 보라. 그리고 달란트 비유와 무엇이 다른지 말해 보라(참고, 마25장14절 이후). 열 므나는 무엇을 의미하는 말이겠는가?

인도자 가이드 |

어떤 귀인이 왕위를 받아가지고 오려고 먼 나라로 가면서 열 명의 종들에게 각각 한 므나씩 나눠주고 돌아올 때까지 장사하라고 한 뒤 떠났다(한 므나는 노동자들의 백 일치 임금에 해당하는 양). 달란트 비유에서는 각각 다른 양의 달란트를 나누어주었지만 이 비유에서는 한 므나씩을 나눠 주었다. 이 말은 달란트 비유와 같이 각각 다른 은사나 직무를 주셨다는 의미가 아니라 각각 동일하게 뭔가를 주셨다는 의미이다. 주인이 돌아올 때까지 장사할 수 있는 밑천이 되는 어떤 것, 그것은 바로 복음이다.

4. 왕위를 받아 가지고 돌아온 귀인이 처음으로 종들에게 확인하고 싶어 한 것은 무엇인가?(15절) 그리고 장사한 종들에게 한 말들을 근거로 주인이 종들에게 장사하라고 한 목적은 무엇이라고 생각하는가?(17,19절)

말씀 살피기 |

귀인이 왕위를 받아가지고 돌아와서 은화를 준 종들이 각각 어떻게 장사하였는지를 알고자 하여 그들을 부르니(눅 19:15)

주인이 이르되 잘하였다 착한 종이여 네가 지극히 작은 것에 충성하였으니 열 고을 권세를 차지하라 하고(눅 19:17)

주인이 그에게도 이르되 너도 다섯 고을을 차지하라 하고(눅 19:19)

인도자 가이드 |

돌아온 귀인이 제일 먼저 확인하고 싶었던 것은 그동안 종들이 '각각 어떻게 장사하였는지' 였다. 여기서 '어떻게'는 'how'가 아니라 'What'이다. 그러므로 이 말은 '주인이 알고 싶었던 것은 장사해서 무엇을 남겼는가?'라는 뜻이다. 주인은 이윤을 가져가지 않고 그 종들에게 오히려 더 큰 권세로 보상해 주었다. 결국 주인이 돌아올 때까지 장사를 하라고 한 목적은 종들에게 더 큰 것들로 보상하기 위함이라는 사실을 알 수 있다.

5. 앞의 두 종과 마지막 세 번째 종의 차이점을 구체적으로 정리해 보라.

① 20절 – 세 번째 종은 므나를 수건에 싸 두었다.

② 21절 – 세 번째 종은 주인에 대한 자기 생각을 말한다.

③ 24절 – 세 번째 종은 그 있는 한 므나까지 빼앗겨 버린다.

④ 27절 – 세 번째 종은 원수 중 하나로 여김을 당한다.

인도자 가이드 |

처음 두 종과 세 번째 종의 차이점을 구체적으로 파악하는 것이 중요하다. 귀인은 세 번째 종의 말에 주목하여 그가 주인에 대한 잘못된 인식을 가지고 있다고 말한다. 이것이 결정적인 심판의 이유가 된다.

6. 세 번째 종이 주인에게 받은 한 므나로 장사하지 않은 이유는 구체적으로 무엇인가?(21절) 그의 대답에 대한 주인의 반응은 어떠한가?(22,23절)

말씀 살피기 |

이는 당신이 엄한 사람인 것을 내가 무서워함이라 당신은 두지 않은 것을 취하고 심지 않은 것을 거두나이다(눅 19:21)

주인이 이르되 악한 종아 내가 네 말로 너를 심판하노니 너는 내가 두지 않은 것을 취하고 심지 않은 것을 거두는 엄한 사람인 줄로 알았느냐(눅 19:22)

그러면 어찌하여 내 돈을 은행에 맡기지 아니하였느냐 그리하였으면 내가 와서 그 이자와 함께 그 돈을 찾았으리라 하고(눅 19:23)

인도자 가이드 |

세 번째 종이 장사하지 않은 이유를 한 마디로 정리하면 주인에 대해 전혀 잘못된 이해를 하고 있었기 때문이다. '당신은 엄한 사람으로 두지 않은 것을 취하고 심지 않은 것을 거두는 사람이다'라는 말은 주인을 자신의 노력 없이 남의 것을 취하는 사람으로 당시의 고리대금업자와 같은 자로 이해했다는 것이다. 그래서 므나를 보관만 해 두었다는 것이다. 이에 대한 주인의 대답은 "그러면 어째서 이자라도 받게 하지 않았느냐" 하는 것이다. 즉 너의 말이 거짓말이라는 뜻이다.

7. 세 번째 종이 정죄당한 이유가 정확하게 무엇인지 파악해 보라(22절). 그리고 이것이 우리에게 시사하는 바는 무엇이라고 생각하는가?

말씀 살피기 |

주인이 이르되 악한 종아 내가 네 말로 너를 심판하노니 너는 내가 두지 않은 것을 취하고 심지 않은 것을 거두는 엄한 사람인 줄로 알았느냐(눅 19:22)

인도자 가이드 |

세 번째 종이 정죄당한 이유는 그의 말 때문이다(22절). 즉 정죄당한 이유는 므나를 남기지 않았기 때문이 아니라 그가 한 말, 주인에 대해 전혀 잘못 알고 있었고, 게다가 그가 한 말은 거짓말이었다는 점 때문이다. 사실은 주인이 왕되는 것을 전혀 바라지 않고 있었던 것이다. 우리가 앞으로 심판 날에 정죄당하는 이유도 동일하다. 우리가 하나님을 위해서 일하지 않았기 때문이 아니라 하나님을 알지 못했기 때문일 것이다.

8. 당신은 주님이 어떤 분이라고 생각하는가? 특히 당신이 죄를 지었을 때 주님은 당신에게 어떤 분으로 다가오시는가?

인도자 가이드 |

하나님은 당신의 아들을 우리에게 주신 자비하시고 사랑의 다함이 없으신 분이시다. 그룹원들이 정말로 이 사실을 알고 있는지 점검해 보라. 그것은 죄를 지었을 때 주님을 어떻게 느끼느냐가 대변해 준다. 죄를 지으면 "하나님께서 나를 저주하시고 벌하실 거야!" 라는 식으로 주님의 자비하심을 오해하고 있지 않은가 하는 것이다. 같은 복음을 받았음에도 우리에게는 각자 주님에 대한 다른 이해가 있음을 발견한다. 이것이 바로 세 번째 종의 주인에 대한 이해이고, 그 종이 악한 이유이다.

9. 세 번째 종이 정죄당한 이유가 그의 주인에 대한 잘못된 이해에 있다면, 주인의 최종 심판은 무엇이 있고 없음의 문제인가?(26절)

말씀 살피기 |

주인이 이르되 내가 너희에게 말하노니 무릇 있는 자는 받겠고 없는 자는 그 있는 것도 빼앗기리라(눅 19:26)

인도자 가이드 |

여기서 있는 자와 없는 자는 '므나'가 아니라 '주인에 대한 바른 인식'이다. 정말 주님이 어떤 분이신지를 아는 인식이 있는 자는 하나님 나라를 유업으로 받지만 주인의 자비하심, 주인의 성실하심에 대한 바른 인식이 없는 자는 그 있는 것까지 빼앗긴다. 그것은 바로 복음이다. 그러므로 하나님을 온전히 알지 못하면 우리에게 주셨던 복음까지도 빼앗기게 된다는 말은 당연한 것이다.

10. 이 비유를 통해 주님은 우리에게 "복음으로 장사하라"고 말씀하신다. 이 말은 무슨 뜻이며, 복음으로 장사하는 것은 무엇으로부터 시작해야 하는가?

인도자 가이드 |

장사란 우리가 동일하게 받은 복음을 가지고 주님이 다시 재림하시는 날까지 주님을 바로 알아가는 삶이다. 그래서 이 복음으로 다른 사람들도 주님을 바로 알 수 있도록 '복음이라고 하는 므나'로 불리는 것이다. 그러므로 복음으로 장사하는 것의 시작은 주님을 바로 아는 것이다. 이 장사의 이윤은 우리의 행위나 노력이 아니라 오로지 주인의 긍휼과 자비하심에 근거하여 창출되는 것이다. 그렇기 때문에 장사란 우리가 먼저 주님이 어떤 분인지를 확실히 알고 사는 것이다. 이것이 바로 착한 종의 모습이다.

|다짐하기|

11. 복음으로 장사하기를 구체적으로 결단하라. 복음을 나누는 것과 주님을 알아가는 것으로 나누어 구체적으로 결단을 작성하고 발표해 보라.

복음을 나누는 것	주님을 알아가는 것
① 전도할 친구 작정하고 계획 짜기 ② 복음을 정리해서 나의 것으로 암송하기 ③ 이번주 실제로 친구에게 예수님 전하기	① 매일 하루에 세 장씩 말씀 읽고 배우기 ② 날마다 그분과 기도를 통해 교제하기 ③ 주님의 성품을 본받기

12. '복음으로 장사하기'를 자신의 삶의 영역(진로, 비전, 취미, 직장, 캠퍼스, 가정) 속에서 어떻게 확장할 수 있는지를 영역별로 나누어 생각해 보라(너무 추상적이지 않는 것이 중요하다).

인도자 가이드 |

'복음으로 장사하기'가 자칫 '복음으로 살자', '예수님을 전하자' 정도의 추상적인 개념으로 끝나지 않도록 돕는 것이 필요하다.

|관점 얻기|

비유의 배경

이 비유는 당시 사람들이 너무나 잘 아는 '헤롯 아켈라오의 왕위 계승 사건'을 빗대어 알기 쉽게 말씀하신 것이다. 헤롯 대왕이 죽은 다음 아켈라오가 헤롯을 이어 왕위를 계승하기 위해서 로마 황제의 인준을 받으러 갔을 때 빌립보라는 사람에게 돈을 맡기고 모든 영지의 수입을 관리하도록 했다. 그때 유대인들 중에 그가 포악하다는 이유로 왕위 계승을 반대하는 자들이 로마에 몰래 가서 아켈라오의 왕위 계승을 반대한다. 결국 아켈라오는 통치권은 인정받지만 왕권은 얻지 못하고 돌아와서 무려 팔 천 명이라는 사람들을 죽이게 된다. 주님은 바로 이 사건을 빗대어 말씀하시려고 하시는 것이다.

비유의 내용

비유에서 주인은 노동자들의 백 일치 임금에 해당하는 한 므나씩을 동일하게 나눠 주었다. 이것은 주인이 돌아올 때까지 장사할 수 있는 밑천이 되는 것이며 우리에게 동일하게 나눠주신 복음을 의미한다. 15절에 돌아온 귀인은 그동안 종들이 '각각 어떻게 장사하였는지'를 알고자 한다. 여기서 '어떻게'는 'how'가 아니라 'What'이다. 주인이 알고 싶었던 것은 장사해서 무엇을 남겼는지였다. 그리고 주인은 그 이윤을 가져가지 않고, 그 종에게 오히려 더 큰 권세로 보상해 주었다. 그러므로 장사하라고 하신 목적은 주인이 그 이윤을 챙기기 위해서가 아니라 오히려 종들에게 더 큰 것들로 보상하기 위함이다.

문제는 한 므나를 그대로 가지고 온 사람이다. 이 사람은 남기지 못해서가 아니라 자신의 말로 인해 정죄를 당한다(22절). 그 이유는 주인을 잘못 알고 있었기 때문이다. 21절에서 '엄하다'는 말은 원래 음식의 맛을 나타내는 '맵다'라는 의미인데, 사람의 마음과 행동과 관련해서는 '거친, 가혹한'이란 의미를 가지게 된다. "두지 않은 것을 취하고 심지 않은 것을 거둔다"는 말은 주인을 부정한 사람으로, 자신의 노력 없이 자신의 몫도 아닌 남의 것을 취하는 사람으로, 쉽게 말하면 당시의 고리대금업자와 같은 자로 이해했다는 뜻이다. 그래서 므나를 보관만 해 주었다는 것이다. 하지만 이 말은 거짓말이다. 왜냐하면 그랬다면 주님의 말씀처럼 은행에 맡겨 이자라도 받게 했어야 했기 때문이다(23절). 사실 이 종은 귀인의 왕 되는 것을 원하지 않았던 것이다. 그래서 결국 그는 있는 므나까지 빼앗긴다. 26절에서 말하는 있는 자와 없는 자는 므나가 아니라 '주인에 대한 정확한 이해'의 있고 없음의 차이이다. 주님이 어떤 분이신지를 아는 인식이 있는 자는 하나님 나라를 유업으로 받지만, 주인의 자비하심, 성실하심에 대한 바른 인식이 없는 자는 그 있는 것, 복음까지 빼앗기는 것이 당연하다.

장사의 의미와 방법

이 주인은 바로 주님이고, 왕위를 받으려 가시는 사건은 부활하셔서 승천하시는 사건이다. 여기서 말하는 장사는 복음으로 장사하는 것이다. 장사란 우리가 동일하게 받은 복음을 가지고 주님이 다시 재림하시는 날까지 주님을 바로 알아가는 삶이다. 그래서 이 복음으로 다른 사람들도 주님을 바로 알 수 있도록 복음이라고 하는 므나를 불리는 것이다. 그러므로 이 복음으로 장사하는 것의 이윤은 우리가 주님의 긍휼과 자비를 앎으로 창출되는 것이다.

|청년 자기 체크리스트|

아래의 체크리스트를 가지고 오늘 소그룹 모임에 임한 자신의 태도를 충분히 점검해 보라.

	점검 사항	5	4	3	2	1
준비 및 예습	본 과를 준비하면서 충분히 예습은 하였는가?					
	각 과의 분명한 목적은 알고 모임에 임했는가?					
	성령께서 나를 만지시도록 기도로 준비하였는가?					
	소그룹원들을 위해서 중보하였는가?					
	리더를 위해서 중보하였는가?					
	나를 변화시키실 하나님을 기대하는 마음으로 임했는가?					
참여 및 자세	적극적으로 질문과 대답에 참여했는가?					
	정직하게 자신을 보여주었는가?					
	지체들의 이야기에 사랑의 마음으로 공감적 경청을 하였는가?					
	모임 중 성령의 인도하심을 계속적으로 구했는가?					
	하나님께서 원하시는 것이 무엇인지 분명히 알았는가?					
	발견한 진리를 삶과 인격에 적용하기로 결단했는가?					
	이번주에 중보할 지체를 발견했는가?					
적용 및 결단	자신의 적용이 삶과 인격에 변화를 가져올 만큼 구체적인가?					
	배운 내용이 삶의 상황에 분명히 적용되었는가?					
	소그룹 모임에 대한 만족감이 있었는가?					
	배운 내용을 분명하게 정리했는가?					
	이번 과의 주제와 목적을 분명히 알게 되었는가?					
	삶과 인격의 변화를 위해 기도할 준비가 되어 있는가?					
평가	이번주 총점					

"그러므로 내 사랑하는 형제들아 견실하며 흔들리지 말고 항상 주의 일에 더욱 힘쓰는 자들이 되라 이는 너희 수고가 주 안에서 헛되지 않은 줄 앎이라" (고전 15:58)

- 이번주 생일 맞은 사람은?
- 이번주 소그룹 특이 사항은?
- 다음주 행사는?
- 다음주 전도할 대상은?
- 이번 달 암송 구절과 필독서는?

12과
깨어지는 삶

누가복음 20장 9~19절

성경에서 말하는 모퉁이 돌은 중심이 되는 돌이라는 의미도 있지만, '처음에 놓이는 돌'이라는 의미가 더 우선적이다.
인생이라고 하는 건축물의 첫 돌이 첫사랑인 것처럼
모퉁이 돌은 성전이라고 하는 건축물을 짓는데 있어서 처음 돌이 되는 것이다.
그래서 성경은 정확하게 모퉁이의 머릿돌이라는 단어를 사용하고 있다.
모퉁이의 머릿돌이 정확하게 무엇을 의미하는지 알려면
이 돌이 어떤 맥락에서 나온 말인지를 아는 것이 중요하다.
이 말이 나온 문맥은 우리가 잘 아는 '포도원 농부 비유'다.
과연 이 비유에는 어떤 교훈이 숨어 있는지 살펴보자.

말씀 암송 | 요한복음 1장 12,13절

영접하는 자 곧 그 이름을 믿는 자들에게는 하나님의 자녀가 되는 권세를 주셨으니 이는 혈통으로나 육정으로나 사람의 뜻으로 나지 아니하고 오직 하나님께로부터 난 자들이니라

|다가서기|

1. 당신은 과거 당신의 잘못으로 인해 망신을 당해 본 적이 있는가? 그때 기분이 어땠고 그 일로 인해 느낀 점은 무엇이었는가?

인도자 가이드 |

자신의 잘못으로 인해 망신당하는 일이 생길 때 처음에는 아프고 수치스럽지만 나중에는 잊혀 지지 않는 교훈이 되는 경우가 많다. 오늘 주제는 성전의 머릿돌 되신 예수님께 우리가 깨어지고 낮아지는 것이다. 그런 맥락에서 우리의 깨어졌던 경험들을 나누어 보면 된다.

2. 예수님 앞에서 신앙적으로 깨어져 본 일이 있는가? 어떤 경우였으며 그 후에 나에게 주어진 유익은 무엇이었는가?

인도자 가이드 |

보통 신앙적으로 깨어지는 경험은 아픈 상처나 힘든 일들을 통해서 일어난다. 그런 가난한 마음이 수련회나 기도회를 통해서 솔직히 고백되어지고, 그 가운데 하나님의 만지심을 경험하게 된다. 우리는 여러 사건들을 통해서 우리의 교만과 아집이 깨어지고 더욱 하나님께 겸손하게 나아가는 성전으로서의 삶을 살아야 한다.

|깊이 보기| 누가복음 20장 9~19절

이 비유는 "그가 또 이 비유로 백성에게 말씀하시기 시작하시니라(9절)"라고 시작한다. '또' 라고 시작하는 이유는 앞에 내용을 보다 강조하기 위한 첨부 역할을 하기 때문이다. 앞의 내용은 '성전으로 부름 받은 우리는 끊임없이 자신을 죽이고 깨뜨리는 삶을 살아야 한다'는 것인데 이것이 오늘 포도원 농부 비유의 핵심과 밀접한 연관이 있다. 오늘 비유도 '성전을 짓는 분은 모퉁이 돌 되신 예수'시라고 결론을 내린다. 비유를 둘러쌓고 있는 주제가 앞뒤로 모두 다 '성전'이다. 그러므로 오늘 이 비유는 성전과 밀접한 연관이 있다는 사실을 염두에 두고 해석해야 한다.

3. '포도원 농부의 비유'를 자신의 말로 정리해 보라.

인도자 가이드 |

사실 이 비유는 당시 유대인들에게 굉장히 낯익은 비유이다. 왜냐하면 그 당시 팔레스타인 지역에는 외국인 지주와 소작농의 포도 농사 계약이 흔했기 때문이다. 보통 포도 농사를 지으면 5년이 지난 후에야 포도의 상품 가치가 있게 되는데 이 말은 주인이 그 포도의 수출을 얻기까지는 적어도 4년이 걸린다는 말이다. 이 기간 동안 주인은 그 농부들의 생계를 위해 경제적 지원을 한다.
그러므로 오늘 비유에 등장하는 주인은 5년째가 되어서 종들을 보냈던 것이다. 하지만 농부들은 그 소출을 주인에게 상납하지 않고, 보낸 종들을 세 번이나 때리고 거저 보냈다. 그리고 결국 주인의 아들까지 포도원 밖으로 끌고 가서 죽이게 된다. 당시 유대 법에 따르면 주인이 3년 연속 소출을 받아가지 않으면 그 포도원은 소작농의 것이 되도록 하는 법이 있었다. 그래서 농부들은 주인이 틀림없이 죽었을 것이라고 생각하고 그 상속자를 죽이면 이 포도원이 자신들의 것이 될 것이라고 생각하여 죽였던 것이다.

4. 이 비유는 예수께서 만들어 내신 비유가 아니라 구약적 출처가 있는 비유이다(사5장2,7절). 이 구약적 출저를 고려할 때 여기서 말하는 포도원은 무엇이며 포도원 농부는 누구를 의미하는가?(19절)

말씀 살피기 |

땅을 파서 돌을 제하고 극상품 포도나무를 심었도다 그 중에 망대를 세웠고 또 그 안에 술틀을 팠도다 좋은 포도 맺기를 바랐더니 들포도를 맺었도다(사 5:2)

무릇 만군의 여호와의 포도원은 이스라엘 족속이요 그가 기뻐하시는 나무는 유다 사람이라 그들에게 정의를 바라셨더니 도리어 포학이요 그들에게 공의를 바라셨더니 도리어 부르짖음이었도다(사 5:7)

서기관들과 대제사장들이 예수의 이 비유는 자기들을 가리켜 말씀하심인 줄 알고 즉시 잡고자 하되 백성을 두려워하더라(눅 20:19)

인도자 가이드 |

이 포도원은 바로 이스라엘을 의미하며, 포도원 농부는 서기관들과 대제사장들을 의미하는 것이다. 그들 입장에서 13절 '내 사랑하는 아들'은 예수님께서 세례 요한에게 세례를 받으실 때 하늘에서 들렸던 음성으로 예수님을 지칭함이 분명했다. 그래서 그들은 예수님을 잡으려 했던 것이다.

5. 이 비유에 대한 예수님의 결론은 무엇이며, 그에 대한 백성들의

대답은 무엇인가?(16절) 이 대답의 의미는 무엇이라고 생각하는가?

말씀 살피기 |

와서 그 농부들을 진멸하고 포도원을 다른 사람들에게 주리라 하시니 사람들이 듣고 이르되 그렇게 되지 말아지이다 하거늘(눅 20:16)

인도자 가이드 |

주님의 결론은 '농부들을 진멸하고 포도원을 다른 사람에게 주는 것'이었다. 그러자 이에 대한 그들의 대답은 "그렇게 되지 말아지이다"였다. 이 말의 의미는 "하나님께서 그렇게 하는 것을 금하셨습니다"라는 의미이다.

6. 그렇게 대답하는 백성들을 향한 예수님의 비유의 결론은 무엇인가?(18절) 여기서 말하는 '돌'은 누구를 의미하는가?(17절)

말씀 살피기 |

그들을 보시며 이르시되 그러면 기록된 바 건축자들의 버린 돌이 모퉁이의 머릿돌이 되었느니라 함이 어찜이냐(눅 20:17)

무릇 이 돌 위에 떨어지는 자는 깨어지겠고 이 돌이 사람 위에 떨어지면 그를 가루로 만들어 흩으리라 하시니라(눅 20:18)

인도자 가이드 |

18절의 말씀은 같은 말처럼 보이지만 자세히 보면 두 가지 관점을 가지고 있음을 알 수 있다. 그것은 돌 위에 사람이 떨어지는 개념과 돌이 사람 위에 떨어지는 개념인데 이 돌은 17절에서 말하는 '모퉁이의 머릿돌'되신 예수 그리스도를 의미한다. 그리고 18절의 말씀은 "포도원을 다른 사람(이방인들)에게 주겠다" 하시자 그러면 안된다고 말하는 백성들에게 하신 대답이며 그렇게 하지 않을 수 있는 방법이 있다는 말이다. 그것이 바로 18절이다.

7. 신구약 전체에서 예수 그리스도가 '돌'의 개념으로 등장할 때는 항상 심판과 구원의 이중적 의미를 가진다. 또한 18절에서 사용된 '떨어져 깨어지다(핍토 쉰들라오)'는 말과 '흩어지다(리크마오)'는 말은 완전히 다른 의미이다. 그런 맥락에서 18절은 두 가지로 의미로 해석할 수 있는데, 당신은 어떤 의미로 해석할 수 있겠는가?(18절)

말씀 살피기 |

무릇 이 돌 위에 떨어지는 자는 깨어지겠고 이 돌이 사람 위에 떨어지면 그를 가루로 만들어 흩으리라 하시니라(눅 20:18)

인도자 가이드 |

18절 후반절의 '이 돌이 사람 위에 떨어지면 그를 가루로 만들어 흩으리라'에서 돌은 심판의 개념으로 위에서 떨어지는 돌이다. 이 돌이 다니엘 2장34절(또 왕이 보신즉 손대지 아니한 돌이 나와서 신상의 쇠와 진흙의 발을 쳐서 부서뜨리매)에서는 심판의 의미로 사용되었다. 뿐만 아니라 여기서 '흩어지다(리크마오)'라는 동사는 신구약 전체에서 거의 대부분 '심판'의 의미로 사용되어진다.

18절 상반절의 '깨어지다(쉰들라오)'라는 동사는 신구약 전체에서 두 번 밖에 사용되지 않았기 때문에(마21:44) 용례를 가지고는 그 의미를 파악할 수 없는 가치 중립적 단어이다. 이 동사의 의미를 결정하는 열쇠는 그 앞에 있는 '떨어지다(핍토)'라는 단어인데 이 말은 성경 전체에서 주로 '떨어지다'라는 의미와 함께 '하나님 앞에 엎드리거나 경의를 표하다'라는 의미로 사용된다. 게다가 예수를 상징하는 '돌'의 개념이 항상 이중적으로 사용되어진다는 점을 고려해 볼 때, 18절의 상반절의 의미를 긍정적으로 보아도 무리가 없다. 상반절의 '깨어지다(쉰들라오)'는 말은 긍정적 의미로 '예수 앞에 엎드리는 자는 성전으로 지어져 가는데 합당하게 깨어지고 맞춰져 가게 될 것'이라는 뜻이 된다.

8. 베드로전서 2장 5절에서는 하나님께서 우리를 무엇으로 부르셨다고 말씀하시는가? 오늘 본문 18절 상반절의 의미와 관련하여 이 부르심의 진정한 의미를 설명해 보라(18절).

말씀 살피기 |

너희도 산 돌 같이 신령한 집으로 세워지고 예수 그리스도로 말미암아 하나님이 기쁘게 받으실 신령한 제사를 드릴 거룩한 제사장이 될지니라(벧전 2:5)

무릇 이 돌 위에 떨어지는 자는 깨어지겠고 이 돌이 사람 위에 떨어지면 그를 가루로 만들어 흩으리라 하시니라(눅 20:18)

인도자 가이드 |

'산돌(living stone)'이란 스스로 살아 있다는 말이 아니라 그리스도가 살아있기 때문에 우리도 산돌이 된다는 의미이다. 이런 신령한 집, 성전으로서의 산돌로 사는 것은 '예수 그리스도로 말미암아 하나님이 기쁘게 받으실 신령한 제사로 드리는 거룩한 제사장의 삶'을 살 때 가능하다(5절 후반절). 신령한 제사를 드리는 거룩한 제사장의 삶이란 철저하게 자신을 죽이는 것이다. 18절 말씀을 빌리면, 철저하게 우리 자신을 산돌이신 예수님께 떨어뜨리므로 죽이고 낮추는 삶을 살라는 말이다. 그래서 나는 자꾸만 죽어지고 깨어지며 그리스도가 사시게 될 때 비로소 우리도 산돌(living stone)이 되어 신령한 집, 곧 성전이 되어져 갈 수 있다는 말이다.

9. 하나님께서 우리를 예수님 앞에서 자꾸만 죽이시고 낮추시며 깨어지게 하시는 궁극적인 이유가 무엇인가?(벧전 2장7–9절)

말씀 살피기 |

그러므로 믿는 너희에게는 보배이나 믿지 아니하는 자에게는 건축자들이 버린

그 돌이 모퉁이의 머릿돌이 되고(벧전 2:7)

또한 부딪치는 돌과 걸려 넘어지게 하는 바위가 되었다 하였느니라 그들이 말씀을 순종하지 아니하므로 넘어지나니 이는 그들을 이렇게 정하신 것이라(벧전 2:8)

그러나 너희는 택하신 족속이요 왕 같은 제사장들이요 거룩한 나라요 그의 소유가 된 백성이니 이는 너희를 어두운 데서 불러 내어 그의 기이한 빛에 들어가게 하신 이의 아름다운 덕을 선포하게 하려 하심이라(벧전 2:9)

인도자 가이드 |

우리가 날마다 성전의 머릿돌 되신 예수님께 우리를 떨어뜨리고 깨뜨려서 자신을 죽이는 삶을 살아야 하는 궁극적인 이유는 '그의 기이한 빛에 들어가게 하신 이의 아름다운 덕을 선포하게' 하기 위해서이다. 성전으로 부름 받은 우리는 날마다 자아를 성전의 머릿돌 되신 예수님께 떨어뜨리고 깨뜨려야 한다. 그래야 우리도 산돌이 되어 진정한 성전으로 지어져 갈 수 있다.

10. 당신은 하나님께서 당신을 부르신 이유가 무엇이라고 생각하는가? 우리를 향한 부르심은 이 땅에서 우리가 무엇을 할 것인가가 아니라 나를 향하신 하나님의 계획이 무엇인가 하는 것이다.

인도자 가이드 |

우리를 향한 하나님의 부르심의 목적은 우리가 예수님을 닮아가는 것이고 예수님이 죽으심으로 주신 생명을 헛된 곳에 쓰지 않고, 가치 있는 일에 사용하기를 원하시는 것이다. 그래서 하나님은 끊임없이 우리에게 예수님께 떨어져 부셔지고 낮아지는 훈련을 하기를 원하신다. 바로 이것 때문에 우리의 삶에는 전능하신 하나님이 내 아버지가 되시지만 환란과 고난이 곧잘 찾아오는 것이다.

|다짐하기|

11. 우리는 이 땅을 성전으로 살아야 한다. 이를 위해 필연적으로 우리는 예수님께 떨어져 깨어지는 산돌이 되어 가야 한다. 이번 한 주간 구체적으로 당신이 산돌이 되어갈 수 있는 방법을 구체적으로 간구해 보라.

고집	내 고집이 무엇인지 정리하고, 하나님의 생각을 내 것으로 삼는다.
시간	내 시간의 십일조를 하루 단위로 구별하여 드린다.
물질	물질의 십일조를 구별하고, 선한 곳과 영혼을 위해 사용한다.
관계	내 즐거움을 위한 관계를 청산하고, 형제의 필요를 위한 관계를 갖는다.
말씀	매일 묵상하고 읽는 시간을 지금보다 10% 더 늘인다.
기도	항상 내 기도만 하는 것에서 이제는 주님의 음성을 더 들으려고 한다.

|관점 얻기|

비유의 내용과 배경

당시 팔레스타인 지역에는 외국인 지주와 소작농의 포도 농사 계약이 흔했다. 보통 포도 농사를 지으면 5년이 지난 후에야 포도의 상품 가치가 있게 된다. 이 기간 동안 주인은 농부들의 생계를 위해 경제적 지원을 한다. 그러므로 비유에 등장하는 주인은 5년째가 되어서 종들을 보낸 것이다. 하지만 농부들은 그 소출을 상납하지 않고, 보낸 종들과 아들까지 죽인다. 당시 유대 법에 따르면 주인이 3년 연속 소출을 받아가지 않으면 그 포도원은 소작농의 것이 되도록 하는 법이 있었다. 그래서 마지막 3년째에도 주인이 오지 않고 아들이 오자 농부들은 주인이 틀림없이 죽었을 것이라고 생각하고 그 상속자를 죽이면 이 포도원이 자신들의 것이 될 것이라 하여 죽였던 것이다.

이스라엘을 상징하는 비유의 구약적 출처

이 비유는 구약에서 반복해서 등장하는 이스라엘에 대한 비유를 인용하신 것이다. 그래서 사람들은 이 포도원이 이스라엘을 상징한다는 사실을 너무나 잘 알고 있었고(사5:2,7) 서기관들과 대제사장들은 자신들을 가리켜 말씀하심인 줄을 알았던 것이다(19절). 뿐만 아니라 13절에 등장하는 '내 사랑하는 아들'이라는 묘사는 예수님이 요한의 세례를 받으실 때, 하늘로부터 들려졌던 바로 그 음성을 암시한다. 그러므로 유대인들은 이 비유의 아들이 예수님 자신을 가리키는 것임을 충분히 눈치 챌 수 있었다. 그래서 예수를 잡고자 했던 것이다.

비유의 결론: 모퉁이의 머릿돌

예수님은 이스라엘의 지도자들이 하나님 나라라고 하는 큰 성전에 필요 없다고 버린 돌이 오히려 하나님 나라를 이루는 기초가 되고 그 규모를 결정하는 모퉁이의 머릿돌(capstone)이 되었다고 말씀하신다(17절). 여기서 '모퉁이의 머릿돌'이 바로 포도원 밖으로 끌려가 죽은 주인의 사랑하는 아들, 바로 예수 그리스도다. '그러면 기록된 바'라는 말은 시편 118편22절을 인용한 말씀으로 시편은 소위 '할렐 시편'으로 불리는 찬양이다. 이 말의 뉘앙스는 "지금 사람들이 유월절 명절을 맞아 이 '모퉁이의 머릿돌'이라는 할렐 노래를 부르면서도 어째서 그 의미가 무엇인지 모르고 있느냐?"라는 말씀이다. 예수님은 포도원 농부와 같이 진멸되지 않는 방법을 말씀하시면서 그 열쇠가 바로 모퉁이의 머릿돌되신 예수님이라고 말씀하신다.

깨어지다와 흩어버리다

이스라엘 백성들이 진멸되지 않는 방법은 18절이다. 18절 후반절의 "이 돌이 사람 위에 떨어지면 그를 가루로 만들어 흩으리라"에서 돌은 심판의 의미로 사용되었다(단2장34절). '흩어지다(리크마오)'라는 동사는 신구약 전체에서 거의 '심판'의 의미로 사용되어진다. 그러므로 18절 하반절은 틀림없이 심판의 의미이다.

18절 상반 절에서 '깨어지다(쉰들라오)'라는 동사는 신구약 전체에서 두 번밖에 사용되지 않기 때문에 의미를 파악할 수 없는데(마21장44절 참고) 이 동사의 의미를 결정하는 열쇠는 그 앞에 있는 '떨어지다(핍토)'라는 단어로 '핍토'라는 단어는 '떨어지다'라는 의미와 함께 '하나님 앞에 엎드리거나 경의를 표하다'라는 의미로도 사용되어진다. 예수님을 상징하는 '돌'의 개념이 항상 이중적으로 사용되어진다는 점을 고려해 볼 때, 18절 상반절의 의미는 긍정적으로 보아야 한다. 그러므로 이 '깨어지다(쉰들라오)'는 말은 '예수 앞에 엎드리는 자는 성전으로 지어져 가는데 합당하게 깨어져 맞춰져 가게 될 것'이라는 뜻이다.

산돌로 부름 받은 우리

베드로전서 2장5절에서 주님은 "너희도 산 돌 같이 신령한 집으로 세워지고 예수 그리스도로 말미암아 하나님이 기쁘게 받으실 신령한 제사를 드릴 거룩한 제사장이 될지니라"라고 명령하신다. 그러므로 18절의 의미는 "너희가 만약 성전의 머릿돌 되신 예수께 엎드려 너희들의 생각을 깨뜨리면 성전에 합당한 존재가 될 것이지만, 그렇지 않고 자신을 높이고 너희들의 생각을 포기하지 않으면 산돌이신 예수가 너희를 깨뜨려 버리실 것이다"라는 것이다. 이 말은 예수가 성전의 산돌이 되신 것처럼 너희도 성전으로 지어져 가는 산돌로 부름 받았다는 뜻이다. 여기서 '산돌(living stone)'이란 스스로 살아 있다는 말이 아니라 그리스도가 살아있기 때문에 우리도 산돌이 된다는 의미이다. 우리가 날마다 성전의 머릿돌 되신 예수님께 우리를 떨어뜨리고 깨뜨리며 자신을 죽이는 삶을 살아야 하는 궁극적인 이유는 '그의 기이한 빛에 들어가게 하신 이의 아름다운 덕을 선포하게' 하기 위해서이다(벧전 2장7-9절).

|청년 자기 체크리스트|

아래의 체크리스트를 가지고 오늘 소그룹 모임에 임한 자신의 태도를 충분히 점검해 보라.

	점검 사항	5	4	3	2	1
준비 및 예습	본 과를 준비하면서 충분히 예습은 하였는가?					
	각 과의 분명한 목적은 알고 모임에 임했는가?					
	성령께서 나를 만지시도록 기도로 준비하였는가?					
	소그룹원들을 위해서 중보하였는가?					
	리더를 위해서 중보하였는가?					
	나를 변화시키실 하나님을 기대하는 마음으로 임했는가?					
참여 및 자세	적극적으로 질문과 대답에 참여했는가?					
	정직하게 자신을 보여주었는가?					
	지체들의 이야기에 사랑의 마음으로 공감적 경청을 하였는가?					
	모임 중 성령의 인도하심을 계속적으로 구했는가?					
	하나님께서 원하시는 것이 무엇인지 분명히 알았는가?					
	발견한 진리를 삶과 인격에 적용하기로 결단했는가?					
	이번주에 중보할 지체를 발견했는가?					
적용 및 결단	자신의 적용이 삶과 인격에 변화를 가져올 만큼 구체적인가?					
	배운 내용이 삶의 상황에 분명히 적용되었는가?					
	소그룹 모임에 대한 만족감이 있었는가?					
	배운 내용을 분명하게 정리했는가?					
	이번 과의 주제와 목적을 분명히 알게 되었는가?					
	삶과 인격의 변화를 위해 기도할 준비가 되어 있는가?					
평가	이번주 총점					

"그러므로 내 사랑하는 형제들아 견실하며 흔들리지 말고 항상 주의 일에 더욱 힘쓰는 자들이 되라 이는 너희 수고가 주 안에서 헛되지 않은 줄 앎이라" (고전 15:58)

- 이번주 생일 맞은 사람은?
- 이번주 소그룹 특이 사항은?
- 다음주 행사는?
- 다음주 전도할 대상은?
- 이번 달 암송 구절과 필독서는?